UNDERSTANDABLE ECONOMICS

重新面對 經濟學

經濟學沒有你想的那麼難，也比你所知道的更加重要

Because Understanding Our Economy Is Easier
Than You Think and More Important Than You Know

Howard Yaruss

霍華德・亞魯斯——著　嚴麗娟——譯

謹將本書獻給大衛，

平常之事在他手中看似非凡，

真正非凡之事在他手中則有可能成真。

目錄

第五篇——政府

序言

若你不能簡單解釋一件事，那麼你的了解還不夠透徹。

——愛因斯坦（Albert Einstein）

儘管很多經濟學家不願承認，但經濟學並非一門科學學科，需要用專家知識和專門工具才能了解。經濟學不像生物學，需要懂得有機化學，能用顯微鏡和其他設備來探索生物細胞的動態。也不像天文物理學，需要知道宇宙中力量的關係，動用強大的望遠鏡來計算黑洞的特質。

經濟學跟心理學一樣，是一門社會科學，目的在於了解人類互動，以及這些互動對我們所在的世界有什麼影響。這些關係是經濟學的重心，除了與金錢有關，也涉及貨品、服務和金錢能買到的資源。為了理順這些關係，達到一定的精確度，專業經濟學家會用到資料和數學工具。但是，如果你願意細心觀察這個世界，用上個人的常識，基本的關係就會變得很明顯。本書的目的就是要幫你看見這些關係。

我不會灌輸想法或思考的方式——樂於提供的作家、權威人士、網紅和推特名人已經很多了。我的目標是去除經濟難懂的地方，以直接、實用以及（我希望）很有趣的方式與讀者分享。我希望你能自行思索這些問題，提出自己的結論。每個人的結論不會一樣，但我的目標是大家的結論都根據世界實際運作的方式，並提供洞察，讓我們看到什麼樣的政策真能改善經濟福祉。

我想，很多人應該都想過以下的問題：

- 為什麼貧富差距不斷攀升，我們能怎麼辦？
- 資本主義有替代方案嗎？在創造問題的同時能解決更多的問題？
- 錢包裡的美鈔跟比特幣（Bitcoin）為什麼有價值？
- 替代貨幣（alternative currency）能取代美元嗎？
- 為富人減稅能創造工作機會，還是會提高貧富不均？
- 為什麼有人因自由貿易而失去工作，但支持自由貿易的人還是那麼多？
- 我們能用什麼方法影響企業的行為？
- 為什麼經濟會有規律地衰退，要怎麼做才能讓經濟回復正軌？
- 什麼是美國聯邦準備理事會，對我們有什麼影響？
- 美國的國債是否太大了？會不會限制美國政府未來的支出？
- 哪些政策有助於促進經濟？

本書提供必要的背景資訊，討論真實世界中的情況，給讀者洞見和自信，能答出前述的問題。

這或許是本書讀者第一次有機會了解經濟背後的動力，因為大多數人從來沒上過經濟學的課。唸過經濟學的人或許碰到一堆令人困惑的術語、公式、圖表和假設，感覺與現實脫節，再怎麼努力也無法完全明白這些問題。大多數討論這個主題的書籍採取一本正經的技術路線，除了下定決心要了解經濟學的讀者，其他人都因此意興闌珊。

我懂，因為我就是下定決心的人，我主修經濟學，埋頭上完許許多多課程，讀了無數的教科書。我為什麼有這樣的決心？我在紐約的布魯克林長大，家裡常入不敷出。我十多歲就開始工作，青少年時期幾乎都在我爸爸的雜貨店裡幫忙。我覺得很痛苦，教育、安全、物質財富和機會分配如此不均。我看到這些不平等造成某些人變得憤世嫉俗、認命或冷漠——但有些人決定要克服不平等。我對他們充滿興趣。我覺得，如果我要活在更公正、更有生產力的社會，必須先了解運作的方式。我相信你也有同感。

我希望本書的讀者能為我們面臨的問題找出更好的解決辦法，不需要仰賴別人提供指引。我希望讀者能夠評定哪些政治人物提議的政策可以發展經濟，提供更多機會。我希望讀者了解經濟制度之後能培養出信心，去倡導自己相信的解決方法。我希望讀者有力量去捍衛這些解決方法，對抗社群媒體同溫層中盛行的謬誤批評。

目前正是最需要這種理解的時刻。大家都相信經濟制度要崩盤了，這種信念來到前所未有的高峰，理由也非常充分。收入停滯、中產階級工作愈來愈少、經濟成長速度變慢，而且產生的微薄增益幾乎都到了已經很富裕的人手中。這些經濟變化引發各種不同的反應，比如「占領華爾街」和川普勝選。這些反應有什麼共同點？對大多數美國人的生活，都沒有造成明顯的正面變化。

本書希望能改變這一點。我相信，如果有更多人能深入了解經濟的原理，針對眼前的問題就能實行有建設性的解決方案，最後也能看到一般人的經濟得到改善。不論個人的目的是改變世界、對公職候選人作出更好的評估，或只是增長個人見識，我都希望這本書能幫你判斷哪種有可能實現，鼓勵你把我們的國家變得更公平、更有成效。

我們常說，民主不是吸引大量觀眾的體育運動——說的對。民主要健全，就需要像你這樣有見識的人來參與。

第一篇

經濟制度

Understandable Economics

THE ECONOMIC SYSTEM

第一章

資本主義：製造的東西有什麼？誰會得到什麼？

資本主義固有的邪惡在於福利的分配不公平；社會主義的固有美德在於公平享受痛苦。

——邱吉爾（Winston Churchill）

資本主義、社會主義，其他的「主義」及現實

海倫・凱勒（Helen Keller）、希特勒（Adolph Hitler）、王爾德（Oscar Wilde）、史達林（Joseph Stalin）和納爾遜・曼德拉（Nelson Mandela）有什麼共同點？他們都自稱「社會主義者」。另外，打破了一切慣例並徹底背離現狀的美國前總統川普叫作「保守派」；挑剔媒體不堅持真相的人叫作「自由派」；奉承阿諛政治人物來謀生的人叫作「資本主義者」。許多用來描述經濟

及政治制度的關鍵術語顯然失去了原意。「資本主義者」及「社會主義者」等標籤遭到扭曲，隨著時間推移而愈來愈有政治意味，多半帶著辱罵的意思，並非扼要正確地說明某個人的世界觀。因此，要幫我們以公平且客觀的方式來檢視經濟體制，深入了解實際的運作方式時，這些標籤並不特別有用。

為了了解經濟，我們需要從最基本的經濟問題開始：誰會得到什麼？誰要做什麼？今日，有那麼多要分配的東西（例如汽車、手機、大學教育及經濟學書籍）和那麼多要做的事（例如製造車輛、組裝手機、教學和寫經濟學的書），要做的決定數也數不清。我們怎麼做這些決定？

首先，這些決定可以由政府集體決策。在這樣的情景中，政府擁有一切，做出所有的決定。政府決定要生產多少食物（還有誰負責生產），以及要挖多少煤礦（和誰負責挖煤）。也決定誰可以住進海邊的豪宅，誰必須擠進工廠附近的狹小公寓。馬克思（Karl Marx）的書裡提到這種集體主義制度，通常簡單說成「各盡其能，各取所需」。在教科書中，會說這個制度類似「共產主義」和「馬克思主義」。

另一方面，這些決策也可以屬於個人。在這個情景中，一切都是私有。每個人都可以自由運用時間和資源，來做他們想做的事。這些決定當然互有關聯，因為你選擇運用時間的方式會大大影響你可以花多少錢買東西，反之亦然。但政府無法左右這些決策，影響力非常有限。在這個制度最極端的版本裡，甚至沒有政府。在比較不極端的版本中，如果你的行為會直接造成傷害，政府介入的能力有限——例如你汙染環境、造出危險的產品，或沒有醫學知識就行醫治療。教科書裡定義，這個制度類似「自由意志主義」（libertarianism）及「自由放任主義」（laissez-faire，法文的「隨它去」）。

在真實世界中存在的所有經濟制度，都可以想像成位於這兩個極端之間頻譜上的某個地方——最左邊是集體做決定，最右邊是個人做決定。那麼，哪一種制度是「資本主義」？

教科書上的「資本主義」是一種經濟制度，其中的企業（生產的手段）由私人擁有和管理，而不是屬於政府。美國和大多數西方國家常被稱為資本主義者，但不符合這個定義，因為他們的企業並非真的由私人「擁有和管理」。這些國家會管制生產產品的方式、種類、地點和人群；透過所得稅制度擔任每家企業的合夥人；直接生產及提供形形色色的商品及服務，從教育、住房到食物；決定企業是否可以與對手合併或併購對手；以及控制企業對待員工和付薪水的方式。如果制度允許私人完全自由且不受拘束地控制企業，並完全符合教科書定義的「資本主義」，就無力保護消費者不受到欺騙、環境不受到傷害，且勞工不被剝削。這在真實的世界中行不通。

相反地，包括北韓在內的每個「共產主義」國家都有一些私人企業，就某種程度上也符合資本主義的定義。尤其是「共產主義」的中國，有無數的企業家，有些打造了很成功的企業，變成億萬富豪。為什麼所有的國家都會有某種形式的私有企業？如果政府擁有和控制所有的生產，就需要算出每個人需要的東西、生產的方式，以及每個人對生產的貢獻該有多少。此外，在制度裡，如果不管每個人努不努力工作，所有人的「需要」都可以得到滿足的話，至少可以說，很難激勵每個人去做該做的工作來滿足所有的需要。很難想像在這種制度下的政府控制程度以及道德和邏輯問題，怎麼讓每個人去做政府需要他們完成的工作。如果在制度中，政府完全沒有作用，也沒有集體行動，會跟上面的制度一樣行不通。

因此，今日的真實世界裡可以看到混合的制度。一方面，大多數國家的企業鮮少由政府擁有和控制。另一方面，法律制度和政府無數的規定、限制及誘因，大大影響企業生產的物品及生產的方式。

同樣地，政府不會告訴個人他們在經濟裡的角色。儘管如此，大多數人沒有無窮的選項。教育品質的高低及高等教育的花費當然會限制很多人的選擇，也會對經濟機會造成嚴重影響，我們會在之後的章節中討論。此外，美國各州的證照要求也會限制選擇，例如花藝工作者、市內設計師、棺木銷售員及髮廊的洗髮人員（比較像是保護某些專業的人士，減少競爭，而不是保護大眾）。再加上雇主的偏見、遷徙的難題，以及下滑的雇主數量，我們似乎離理想境地還很遠——也就是每個人在經濟中的角色確實來自真心的自由選擇。

事實上，「資本主義」一詞通常的用法和本書的用法就是指這種混合的經濟制度，如同美國和大多數國家的現狀。政府會集體做出某些經濟決策；有些則由個人決定；很多決策則來自個人與政府的互動。「社會主義」通常指在制度中有更多的管控和集體控制，而「保守主義」是指制度中的管控和集體控制比較少。

我們可以繼續這種哲學討論，深入探索「資本主義」的意思，還有「社會主義」、「保守主義」、「自由意志主義」、「共產主義」、「馬克思主義」及所有其他的「主義」，但就此打住吧。每個術語都充斥著許多假設、聯想和成見，只關心名詞的話，實際上會阻礙我們達到目標——去了解真實世界運作的方式、有哪些具體的問題，以及該如何處理這些問題。

眾人對「資本主義」表達意見或不滿的時候，我會假設他們在評論當前真實存在的經濟制度，而不是存在於理論模型中的某個制度。因此，為了應付關於經濟制度的問題，我們要先找到透過政府行動的集體控制及透過私人選擇的個人控制之間的適當平衡。那樣的平衡應該根據什麼能產生最好的結果，而不是為了配合某種特定的意識框架。

反覆試驗了幾百年，結果就是我們今天的混合型經濟制度。然而，最近有愈來愈多人對這個制度產生的結果感到擔憂。中產階級遭到壓榨，經濟成長趨緩，而富人則更加富裕。我們走的不是最好的方向。但在我們能評估前進的方向前，我們需要先看清楚過去。

經濟成長及工業革命

主張限制政府介入企業的理論指出，企業會自然設法製造出一般人最需要的東西。為什麼？因為這樣才能盡量提高銷售量，進而獲取最高的收益。這是現代經濟學的鼻祖亞當・史密斯（Adam Smith）在一七七六年提出的想法，他寫道：「我們的晚餐並非來自屠夫、釀酒師和麵包師的善心，而是來自他們對自身利益的關切。」史密斯相信，獲利的動力帶來一隻「無形的手」，這隻手引導企業提供最多人想要的商品及服務，成效遠遠超過政府官員。

在十八世紀晚期的英格蘭，這個過程進入全盛狀態，因為蒸汽動力的問世和其他發明促成了機械化的工廠生產過程，取代效率更低的人力。這場「工業革命」轉化了大多數貨品製造的方式。很多人能自由創業，讓這些發明傳遍各地。拖拖拉拉不採納這些發明的產業在別人眼中就是極大的商機。企業家可以建立新的、更有效率的營運方式，讓不肯放棄舊有生產方法的競爭對手倒閉。這個過程常被稱為「創造性的破壞」——更有效率的生產者趕走沒有效率的生產者。

對於從個人的手工生產到今日工廠中的裝配線作業，亞當・史密斯提了一個經典的例子。他的書裡提到，一名工人一天要做出一支大頭針都很難，但工廠裡的十名工人把製造過程分成好幾項作業，一天可以造出四萬八千支大頭針。我不確定他說的這個數目正不正確，但我相信他說的有道理：分工、專業化及大量生產可以大幅提升產量。

在工業化的故事裡，我們常忽略一件事：在這場革命之前，大多數人都非常貧窮。尤其在兩百年前的人類歷史中，大多數人身無長物，壽命很短，活得很不健康，常要面臨飢荒或更可怕的災難。那是因為在工業革命前，生產方法很難有進步。舉例來說，在古羅馬、一千年後中世紀的歐洲，以及工業革命前文藝復興時期的造鞋方法，看起來大同小異。補鞋匠跟其他工匠一樣，自人類歷史開始以後，基本上一直用同樣的工具和同樣的方法，材料也差不多。由於每個鞋匠和每個工匠能生產的量幾乎沒變，一個人要得到多一點的話，另一個人就得拿到少一點。經濟本質上就是零和遊戲（zero-sum game）。

工業革命改變了一切。生產效率持續提升後，工業化經濟就能以之前想不到的速率出產貨品。

然而，早期工廠中的生活非常悲慘；有可能是人類所能忍受的最糟狀況，而他們並非應該接受處罰，也不是奴隸。工時極長、環境汙穢危險、薪資微薄，整體的經驗對今日美國和其他先進國家的勞工來說簡直難以置信，也無法忍受。早期工廠裡的工作或許給工人稍微高一點的收入，也不怕餓肚子，但代價常常是痛苦的生活和壽命縮短。

工業革命在十九世紀中期來到最高峰的時候，馬克思在著作裡提到工業化造成的情況，表達他的絕望。他預言，工廠老闆（「資本主義者」）施加於勞工的痛苦最終會帶來「無產階級革命」，政府會接管所有的企業。他的革命尚未發生，政府似乎也不會接管所有的企業。為什麼不會？

每名工匠的產量飛升時，愈來愈多的貨品上市，價格就會滑落。亞當・史密斯書中所提，工業革命以前的大頭針工人要花一整天的時間完成工作，那時候的大頭針數量稀少且昂貴。一旦有十個工人進入工廠，一天開始製造四萬八千支大頭針以後，大頭針供應充足，必須降價才有人要買。這個降低的價格並不像玉米豐收時變低的價格。生產大頭針和所有其他貨品的成本暴跌，再也不會回升，工業革命前的高價格變成過去式。

如果工廠老闆想狠削消費者，收取接近之前的高價，顧客就會流向有開創精神的新工廠主人。資本主義確保貨品生產者與消費者共享工廠生產的高額成本節省——如果他們不分享，就把機會讓給新的競爭者。

更低的價格和更高的產出表示一般人終於可以買得起的貨品顯著增加，享受更高的生活品質。達拉斯的聯邦準備銀行（Federal Reserve Bank）計算一般的美國勞工要工作幾分鐘才能買得起各種的基本物品，得出民眾的經濟狀況改善程度。從一九一九年（美國仍在工業化過程中）到一九九七年，以勞工的有薪勞力時間作為「成本」，如果要買半加侖的牛奶，時間從三十九分鐘降低到七分鐘，一磅牛絞肉從三十分鐘縮短到六分鐘，從十來種主食中的取樣則從九．五小時減少到一．六小時。[1]

更高的生產力（也就是勞工的產出提高）不只讓每個人能得到更多，也讓他們能取用愈來愈多樣的產品。科技進步後，新產品和產業如春筍般冒出，從通信、汽車到電器，很多是工業革命前想也想不到的。許多新產品和產業又讓生產力更加提升。

資本主義壓低了貨品的價格，最後也拉抬了薪資。在經濟成長時，如果企業擁有者想壓低薪資，勞工就會去別的地方找工作。如果企業擁有者聯合起來，不肯加薪，犧牲勞工權益來賺取暴利，市場上會出現許多熱切的企業家，設立競爭的企業和提供更高的薪資來吸引勞工，雖然不能賺取暴利，但利潤也不錯。

勞工可以離職，到別的地方領更高的薪水，因此在二十世紀初，亨利．福特（Henry Ford）的汽車公司就給員工兩倍的薪資。他注意到公司的員工流動率很高，損失了花高昂成本訓練的勞工。很多人想錯了，以為福特加薪是為了讓勞工買得起他的車子，以拉抬利潤。聽起來好像有道理，但簡單的計算就能證明有誤。福特付給員工的額外薪資當然可以花在形形色色的商品及服務，不光是新的福特汽車。[2]此外，這些高薪勞工花在福特汽車上的錢只有一部分是福特的利潤，因為買新車付的錢絕大部分要支付車子的製造成本。這個故事的寓意是什麼？即使是亨利．福特，有史以來最偉大最有能力的工業家，也要向市場壓力低頭，提高薪資。

當然，並非所有的情況都一樣。最顯眼的例子是被奴役的人，就最低限度來說，在美國內戰之前和之後的許多案例中，都跟更好的機會無緣。即使到了今天，我們在前一段也說過，做人生選擇的時候，大多數人的選項有限。然而，隨著時間過去，人類選擇命運的自由度明顯增加，雖然還有很長的一段路要走，我們已經大幅擴展個人的機會，隨之帶來的經濟成長也讓我們獲益。

今日，在美國做一般工作的人可以享受各式各樣、各種品質的食物，享受更多樣的娛樂，在健康良好的狀態下活得更久，一般來說，甚至比工業時代前的特權人士過得更好。有一次，在紐澤西收費高速公路（New Jersey Turnpike）邊停下來午餐的時候，我發覺到過去幾百年來生活改善了多少。點了十五美元的自助餐，我可以盡情吃想吃的東西，有熱食、沙拉、乳酪、水果、蛋糕，最棒的是可以自己擠霜淇淋。現代農業、運輸和冷藏是這一切背後的助力。工業革命前最富有的人大概都想像不到的盛宴，現在變成大多數人的日常。

更便宜的食物、更高的薪資，以及大量的新產品，讓我們可以期待自己的生活比前人更加舒適。對一般人來說，確實如此。大多數人再也不必擔心下一餐從哪裡來（在冰箱裡），可以把注意力轉移到改善生活、社會和工作條件。一九〇〇年，美國勞工每星期的工時是五十八·五小時，[3] 到二〇二〇年則降為三十四小時。[4] 勞工開始成立工會，幫他們提升薪資，改善工作條件。他們也有時間和資源來對政府施壓，改善職場生活。政府也因此立法禁止童工、規定最低工資，並要求安全的工作條件。

繁榮帶來繁榮，開始了良性循環。大家都負擔得起公共教育、更佳的衛生條件及無數公共福祉的改進，經濟的生產力也提高了。民眾終於可以存一點錢，有資金投資與革新業務，並讓孩子接受更高等的教育。人類的生產力提高，給自己更多投資後，不光改善自己的生活，也改善了整個社會。

我們常聽到農業革命（將美國從小農主導的國家變成從事農業的勞工低於二%），[5]以及科技革命（將先進科技嵌入幾乎所有的東西），彷彿這兩次革命與工業革命涇渭分明。其實不然。焦點或許從產品轉移到食物，又轉移到資訊和服務，但這兩次革命延續了兩百多年前開始的過程，反思生產的方式，快速提高產量。

我們還不確定，經濟產出是否有一天會碰到成長的極限。但我們可以確定，自工業革命開始以來，就平均而言，經濟一直在成長。成長了多少？過去七十年來，美國整體的商品及服務產出*（也就是各種東西）每人每年的成長率大約是二%。[6]二%聽起來不多，但意思是一般美國人享受的東西每三十五年就會加倍。除了產量的這種成長，大多數產出物也由許多人共享，讓馬克思和同時代的人頗為震驚，也可能因此重新思考他們之前的預言——民情高漲會支持政府接管經濟和企業。

* 這是國內生產毛額，會在第四章詳細討論。

然而，最近的蓋洛普民意調查發現，對資本主義有正面看法的美國人百分比正在穩定下滑。[7]二〇一八年，只有五六％的美國人對資本主義有正面的看法。在十八歲到二十九歲的人之間，數字則掉到四五％。二〇二〇年大規模調查發現，大多數回應者相信資本主義以現有的形式而言，對世界的壞處大於好處。[8]其他的調查也有類似的結果。很矛盾的是，美國的經濟顯著成長了數十年，集中規劃的「社會主義」經濟在蘇聯及東歐垮台後，民眾反而對資本主義的信任度愈來愈低。造成這種改變的因素是什麼？下一章會想辦法解答這個問題。

第二章

變動的經濟：為什麼有些人對我們的經濟制度失去信心？

貧富不平衡是所有共和國中最古老且最致命的疾病。

——普魯塔克（Plutarch），古希臘哲學家

資本主義出現什麼變化？

不論經濟制度有多好，一定會有缺點、失望和改進的空間。沒有一本書能處理所有的問題。我的目標是找出影響最深遠的批評，因為這些批評導致我們對經濟制度失去信心，質疑其合法性。

經濟學研究商品及服務的生產及分配。因此，經濟體制應該設計成能解決：（一）產品製造的方式；（二）製造哪些產品；以及（三）誰會得到什麼。我們的制度解決這三個問題的方式已經引

起麻煩。

產品製造的方式

每個國家都有一些規定產品製造的規則，例如在生產過程中保護勞工、限制對環境的傷害，以及預防消費者受騙或受傷。各國常有一些規定，鼓勵生產某些產品，例如農業的保障價格和太陽能的補貼，並會打壓或禁止某些產品，例如碳稅或禁止販售鴉片類藥物。

如果把經濟想成一條高速公路，生產規定的需求就變得很清楚。少數幾條簡單的規定能讓汽車更有效率地從某處前往另一個地方。然而，假設在高速公路上開車沒有速限，左邊的車裡坐了醉醺醺的司機，右邊的駕駛年僅十歲。再假設旁邊有一半的車子行駛方向跟你的相反。聽起來像一場惡夢？沒有規定的話，高速公路就不能發揮作用。同樣地，如果你不斷納悶自己買的東西會不會造成傷害、汙染環境或作用不如預期，經濟也無法運作。

我們為產品製作方式設定的規定是否太寬容？很多人認為是。這些規定是否太嚴格？很多人認為是。答案則出現在政治過程中。

最明顯的問題是：政治過程是否公平呈現大多數美國人的心願？答案：在政治上，有錢就能大聲，目前的趨勢甚至助長金錢的優勢。我們會在第八章討論美國最高法院允許從企業流向政治人物的金錢沒有上限，來加速遊說的過程。因此，汽車製造商取得更低的燃油效率標準，營利的學院得到更多的政府協助，農民得到更多補貼，美國的大企業也得到高額的減稅。

我們應該期待企業就這麼停止倡導對他們有利的規定嗎？當然不應該，因為沒有停止的跡象（也一直看不到跡象）。事實上，很多企業經理人真的相信他們的倡議出自公益（例如更有生產力的經濟），而不是出於自私，因此有勇氣以更強勢的態度來推進他們的議題。

這些經理人通常也認識政府管制者，這些人決定要通過哪些政策和程序，以及通過後的施行方式。公司管理人除了常常與管制者見面，也會一起用餐及打高爾夫，享受高額費用帳戶給予的各種活動。另一方面，大眾的意見則限於評論、抱怨和投書，通常只會落到最底層職員的桌上。

我曾在一家受到各種管制的大型公司擔任法務長，就我的個人經驗來說，很多管制者會支持他們常有往來的企業經理人。他們會覺得企業經理人（及他們支持的政治人物）是他們的選民，而不是一般大眾。管制者跟一般人接觸的品質或頻率則完全不同，但這些人才是付他們薪水的納稅人。管制者和管制對象之間這種愜意的關係有可能變成報酬豐厚的新工作，成為管制者離開政府後的事業選擇，也讓他們更樂於為企業的利益著想。他們今天做出對企業有利的決定，明天可能就會到那些公司去找工作。「管制俘虜」（regulatory capture）指的就是這種再常見不過的現象，管制者對管制對象的認同度遠高於他們受薪要保護的大眾。

如果真心希望管制制度能要求企業看重我們對產品製程的關切，我們必須為自己挺身而出，而不是希望在乎特殊利益的人有天會幫我們發聲。我們要支持為企業界定特殊目標的政治人物，例如減少對環境的衝擊、給最低薪的勞工接近最低工資的薪水，或在面對顧客時堅持更高的標準。

問題並非在於資本主義本身。在制度中，如果我們不能或不去堅持企業運作的方式和對待勞工的方法，企業就有可能造成傷害。尤其是在市場自由度更高的國度裡（意思是，這些國家政府對企業的控制沒有那麼強，美國就是一例），跟政府控制程度較高的國家（例如中國）相比，比較能保護消費者和勞工不受到傷害。[1]這或許是因為在政府嚴格控制經濟、市場、媒體和大多數東西的國家裡，人民比較不能堅持自己的主張。我們會在第八章討論在我們的經濟制度中，大眾如何能更有效地堅持主張和影響企業。

製造了哪些產品

你我可能會覺得今日經濟中買賣的東西（大多數）屬於浪費，沒有意義。但是，買這些商品及服務的人都是出於自願，我們知道每樣東西對某人來說都至少符合價格的價值。如果不符的話，就不會想買了。*

舉例來說，有些人會花五十萬美元買一台勞斯萊斯Phantom轎車（我不是這種人）。為什麼？因為擁有這台車的滿足感（還有，假設別人看到他們有這台車的反應）讓他們覺得價格很值得。有錯嗎？

首先，既然我們的社會看重（或號稱看重）個人自由、表達和自由選擇的社會裡，只要不傷害到他人，有人根據對汽車的「這種」品味來買車，我們就有理由去反對嗎？如果我們確實容許這種反對，不讓別人買東西，勞斯萊斯Phantom的車主也可以反對我的Toyota Corolla（或乾脆反對我的分享單車會員資格）。

另一方面，由於生產出來的東西就是群眾買的東西，嚴重的所得不均表示某些人一時的興致得到滿足，但某些人卻買不到必需品。這只是收入不均升高後導致的其中一個問題，也是接下來幾節的主旨，更是本書會不斷提到的題目。

誰會得到什麼？

在今日所有的制度裡，一個人能得到多少，要看他自己或配偶、爸媽或另一個慷慨的人賺多少錢，或已經賺了多少錢。很多人會根據他人的努力和能力來猜測他的收入。工作愈辛苦，頭腦愈聰明，應該能賺更多錢。

除了努力工作和聰明智慧，還有很多其他的因素，例如在正確的時間來到正確的地方，生在健全的家庭裡並住在很好的學區，更能決定我們的收入高低，只是大多數人不願意承認罷了。然而，

＊ 政府採購也一樣，起碼理論上是。政府的代表授權商品的採購，如果我們相信他們付的錢超過我們收到的價值，我們會投票讓他們下台。

大多數人能接受每個人的收入不一樣高，並不是因著道德或客觀的理由，而是因為收入不均更能促使個人提高生產力。背後的邏輯是這樣的，如果每個人的收入都一樣（或相當接近），就沒有去工作的動力，就算被要求一定要去上班，到了工作地點也無心做事。人人平等，但也一樣貧窮，因為生產的東西不多。

如果勤奮就能得到更高的收入做為獎賞，就有動力更努力工作，提高生產力，每個人的產出也因此增加。工業革命以及產量和一般生活水準的大幅提升，常被看成經濟誘因有效的證據。但這樣的因果關係似乎變得愈來愈薄弱。為什麼？因為在某一刻，愈來愈嚴重的所得不均開始縮減經濟產出，而不是增加，我們現在就碰到這種情形。為什麼會這樣？

收入更平等的時候，消費型態更規律，也更一致。一千個每年賺六萬美元的家庭有可能把所得全花掉（而不是全存起來），花費的方式也可能差不多。他們會用差不多的方法分配所得，用在住房、食物、交通、衣物、水電和其他基本支出。這些家庭最後會花掉將近六千萬美元的所得，所以需要生產出將近六千萬的商品及服務，為生產這些商品及服務所需的許多人創造機會和工作。此外，他們的消費習慣很類似，可以預料，生產規劃會更簡單，也更有效率。

另一方面，如果這六千萬的所得以很不平均的方式分配給這一千個家庭，總消費會下降，實際消費也更難預料。為什麼？跟所得更低的人相比，所得更高的人花掉的錢所占收入的比例較低（也就是說，他們存的錢比較多）。因此，以消費形式回到經濟中的所得變少，生產的產出變少，為其他人創造的工作和機會也變少。

此外，高收入者的消費模式通常比較難以預測。如果一個家庭的所得是另一個家庭的五十倍，他們購買的雜貨、車子和剪髮並不是另一家庭的五十倍。他們怎麼支配額外的收入，沒人說得準。可能每十年買一艘新遊艇、全身整形、花三百萬美元辦一場生日派對（傳說中饒舌歌手吹牛老爹（P. Diddy Combs）花費的數字），或付六千九百萬美元買一名藝術家（Beeple）的數位檔案，但沒想到其他的藝術家正苦無棲身之處。

能比鄰居賺更多的錢（收入甚至超過所有鄰居的總和），確實能吸引人更努力工作，提高生產力。但在某個時刻，那個誘因失效了。如果馬克・祖克伯（Mark Zuckerberg）、比爾・蓋茲（Bill Gates）或傑夫・貝佐斯（Jeff Bezos）要付更高的稅金，明顯比別人高很多，他們還會費心發展臉書（Facebook）、微軟（Microsoft）或亞馬遜（Amazon）的業務嗎？或許不會。我猜測，他們的心思都放在專案上，根本沒想到稅率的變化。就算這三個人擔心繳稅後利潤所剩無幾，所以不成立公司，也會有其他能幹的人來設立類似的社交媒體公司、軟體供應商和線上零售商，對不對？同樣地，或許不會。

嚴重的不均會縮小所有人的經濟餅（也就是商品及服務的總量）。在這種經濟裡，即使是「贏家」，贏的也不夠多——儘管他們能分到愈來愈大塊的經濟餅，但整個餅卻不能變得如預期那麼大。其餘的人則會看到更糟糕的效應。儘管很多人的經濟狀況還不錯（按著歷史標準來看，我們過得很好了），但我們會跟周圍的人比較，主觀判斷自己的環境。因此，收入的大幅不均有可能煽動憎恨的火焰，讓民眾覺得經濟制度不公平，對制度失去信心。

現在，個人的經濟環境有愈來愈高的比例取決於我們出生的家庭，而不是我們做的工作，更提高不公平感。在美國，約有六〇%的財富來自繼承，意思是美國的財富以及相伴的種種優勢有一大半會歸給不勞而獲的人。[2]此外，如果你把所有的家庭按著所得等級分成五群，布魯金斯學會（Brookings Institution）發現，最低所得組父母生下的孩子留在最低所得組的機率，是移入最高所得組的十一倍（四三%對比四%）。另一方面，生在最高所得組的小孩留在最高所得組的機率，是移到最低所得組的五倍（四〇%對比八%）。[3]除非生在富裕家庭裡的孩子天生就更聰明更勤勉，這是很有力的證據，證實美國並未提供公平的機會給所有的孩童。

此外，小孩出生的家庭是什麼種族，可能也會引致嚴重的不均。奴役制度雖說在一八六〇年代終結，合法的種族隔離也在一九六〇年代結束，但在今日，種族問題仍會造成傷害。只因為立法機關改變了一些法規，偏見可不會跟著改變。法律改變後，歧視不會明顯跟著減弱，因為要證明別人違法也不容易。此外，偏見扮演的角色或許很細微，但確實會讓受害者更加邊緣化，因為非當事人很難察覺到，也無法處理。

歷經好幾代的不平等延續到今日已經變得非常明顯。社區的種族隔離依舊很嚴重，從壽命到所得，不同的種族會有很不一樣的人生成果。過去二、三十年來雖然有了點進展，但我們可以從一項統計數字看到前面的路還有多長：二〇一九年，黑人家庭的淨財富中位數是兩萬四千一百美元，而白人家庭則是十八萬八千兩百美元。[4]

將公民權利制定成法律，終結合法的歧視，都不容易，但是要實踐這些法律中具體列出的理想還要更難。在這個過程中，一定要投資在教育和低收入的鄰里上。這個過程更難的地方是讓美國人察覺到，提倡公平和減少不均能強化眾人對經濟制度的信念，讓更多人變得更有生產力、擴大經濟餅，進而讓所有人都得益。

愈來愈多人覺得這不是所有人的事，社會出現分歧，對美國的穩定和福祉造成愈來愈強的威脅。集中在頂層的資源讓富人能更進一步把自己隔絕在富裕的圈子裡，享受各種私人的服務，情況變得更糟糕。比其他人更豐富的資源讓這些在頂層的人更有政治影響力，享受更多利益，導致每況愈下。

我想，這本書的讀者已經發覺到美國經濟貧富不均的問題愈來愈嚴重，在新冠肺炎大流行後更加惡化。種種統計數字告訴我們，前一％的所得收益暴增，執行長薪資除了是一般勞工薪資的數倍，也來到新高，而且一般勞工的所得快要追不上生活費增加的速度。儘管這些趨勢很明顯，成因卻很隱晦。這就是我們接下來要討論的題目。

我們的經濟制度為什麼造成更嚴重不均？

贏家通吃的經濟

讓我們回到一百年前，看看那時歌手和音樂家的收入。當時還沒有唱片、錄音帶、CD、

iTunes跟YouTube。民眾會去劇院或音樂廳看現場表演。如果你想聽音樂，只有這個選項。因此，在每一座城市，都有很多人以唱歌或奏樂來維生。畢竟，同一位音樂家不可能同一時刻在好幾個場地演出。有些人表演得比較好，他們賺的錢大概也比別人多。但有許許多多的人走這一行，加上舞台工作人員、引座員、賣票員等等，他們除了靠收入養活自己，也可能養活一家人。

之後的發展呢？這些表演者的市場以及和表演相關的工作嚴重萎縮。幾名超級巨星掌控了全球的音樂產業。同時，音樂廳關閉，各地的工作跟著消失。但在那些年間，娛樂花費並未下滑。只是支出有愈來愈多流向少數幾名巨星。

家具市場也有一樣的情形。如果你去參觀收藏早期美國家具的博物館，會看到在大城市製造的品項。這是因為家具大多在銷售地附近製造。而你家的家具有多少是附近來的？有的話也不多吧。家具產業由少數幾家製造商把控，他們特別懂得消費者的品味，生產和分銷效率也特別高。地方的家具製造商基本上都歇業了，他們的收益流向為數更少的大型家具生產者。

在這裡可以看到一個模式。沒錯，資本主義獲益的對象都是最受歡迎的生產者。最受喜愛的表演者得到最高的收入，最好的家具能賣最高的價錢。資本主義確實創造了強大的誘因，讓每個人都去生產消費者想要的產品和服務。

但情況變了，本來有足夠的空間給很多表演者、很多家具製造商跟很多很多其他的生產者。收入逐漸集中到愈來愈少的幾個超級生產者。這個現象叫作「贏家通吃」經濟，說的沒錯。在今日的潮流下，在地表演者和家具製造商的重要性日漸降低，各地的機會都愈來愈少。目前最明顯的兩個例子是亞馬遜對整個零售業的威脅，以及谷歌（Google）對整個資訊業的威脅。為什麼會出現這樣的威脅？

答案便是科技革命（前面說過，是工業革命繼續前進的結果）。錄製技術讓少數幾名出色藝人的表演遍及全球，不限於特定的場地。更厲害的是，錄製只有一次，表演卻能重複無數次。科技（尤其是網際網路）讓零售商能把貨物銷售到各地，不需要在不熟悉的城市（或國家）尋找店面、雇用當地的員工、透過昂貴的長途電話監控業務，或了解當地的規則和法律。就本質而言，現代科技大幅降低了大規模發展業務的成本，甚至有可能歸零。大供應商因此享受到明顯的成本優勢（生意人口中的「規模經濟」），其他人很難與他們競爭。

在先進科技出現前，要在世界各地做生意總是很困難，成本也很高。就藝人和其他許多服務供應商來說，幾乎是不可能。現在情況不一樣了。經濟有很多領域現在可以由少數幾個能幹的大供應商，使用科技和網際網路而不需成本的平台來獨占和利用。就本質而言，經濟總會產生拿的比別人多的贏家；現在產生的贏家則能「通吃」。

這個現象會影響到每一名勞工。工作場所的選擇變多，也可以自行創業的時候，眾人就有討價還價的能力，來提出自己的薪資和其他就業條件。也更有可能成立工會。而經濟的控制權握在少數幾個巨型組織手裡，能輕鬆擊潰有可能成為競爭對手的新創公司，勞工的影響力就降低了。在新冠肺炎疫情期間，許多工作移到網上，更降低了勞工的影響力，因為很多工作的應徵者不一定要來自鄰近地區，全球各地有高速網路連線的人都可以申請。[5]

更糟糕的是，經營這些巨型企業的經理人也充分察覺到他們對勞工和管制制度更有掌控權。沃爾瑪超市和亞馬遜的市場力量並非憑空出現，能成功防止員工成立工會也不是巧合。他們的經理人資歷雄厚，也努力在風險比之前更高的環境裡建立起權勢。這些經理人的報酬、名望以及是否能保有職位，就看他們能否把利潤提到最高。每個經理人當然都非常在意企業的淨利，他們可能不認識企業旗下那一大批勞工、沒碰過面，甚至身處在不同的城市或國家，在個人利益與勞工的競爭關係中，他們當然會偏重企業的利潤。

自動化及人工智慧

我們在這個經濟制度中尚未打出全壘打（或者更常見的情況是，父母或祖父母不是贏家），自動化和人工智慧的進步對我們經濟福祉的威脅日益增長。如果這些趨勢繼續下去，自動化和人工智慧取代愈來愈多的工作，怎麼辦？被排擠的勞工怎麼維生？誰能花錢來防止經濟萎縮？

「工作未來式」（the future of work）是最熱門的話題，行家提出權威的評論，很多勞工擔心自己的工作是下一個被消滅的目標。哈佛大學的勞動經濟學家勞倫斯．卡茨（Lawrence Katz）估計有五百萬美國人（接近整體勞動力的三％）開計程車、巴士、貨車、卡車，以及網路即時叫車。他們每一個人的工作都可能被自動駕駛車輛取代。同樣地，即使美國的製造產出在二〇二一年創下有史以來最高的紀錄（對，這是真的），[6] 但製造業的工作數目卻因為自動化而減少了。

這件事需要擔憂嗎？我可以換個問問題的方法。假設你每星期工作四十個小時，賺一千五百美元。現在，假設你可以用自動化和人工智慧把每週工時減到三十個小時，且同時提高生產力，所以收入實際上升高到一千八百美元。有了那個選擇（你可以選擇不用），對你來說會造成擔憂或問題嗎？當然不會。不過，那就是自動化和人工智慧提供給人類社會的選擇。自動化和人工智慧能夠大幅提升經濟產能——增加整個國家能享用的產出，同時減少整個國家在生產時付出的工作量。

事半功倍，聽起來很不錯。事半加上功倍當然很棒，因為同時有兩種好處——更多的東西和更短的工時。但來到總體的社會層級，就有問題了——誰該拿到額外的東西，誰的工時可以減短。因為拿到更多東西的人不是工作變得精簡或失去工作的人。

因此，自動化和人工智慧增強了贏家通吃的趨勢。利用（或創造）自動化和人工智慧，與全球人士進行競爭的人會收穫大量的好處。同時，經濟中其他人工作的數目以及收入和議價能力就降低了。這些力量很強大，提高所得不均、激發怨恨，也腐蝕我們對制度的信心。

然而，不均的速度一定會加快。很多其他的進步國家，尤其是北歐各國和東歐的幾國，都想出辦法避免美國經歷的不均快速增長。[7] 這些國家的經濟制度與美國相似，所以「資本主義」並不是元凶。事實上，在過去兩個世紀，美國的經濟體制為許多人帶來繁榮，並沒有證據指出這種經濟體制基本上有缺陷，也無法證明換個體制的話會比較好。然而，在規範經濟制度及確保經濟能為所有人提供機會時，卻有很多證據指出美國人的疏失。

別忘了，經濟像條高速公路：需要規則才能順利運作。如果我們站在一旁，忽視愈來愈嚴重的問題，就像車子以愈來愈高的速度飛馳而過，一定會出車禍。我們要評估能一起做什麼，來逆轉這些帶來麻煩的趨勢，提高經濟的運作效率，但是在那之前，我們要先好好討論經濟運作的方式。畢竟，如果要修復制度，必須先了解制度。在下一章的開頭，我們會討論經濟制度最基本的要素：貨幣。

第三章

貨幣：黃金、美元和加密貨幣有什麼共同點？

金錢是萬惡之源。

——《欽定版聖經》（*King James Bible*）

所有的罪惡源於金錢的不足。

——馬克・吐溫（Mark Twain）

貨幣是什麼？

貨幣可說是人類歷史上最重要的一項發明。沒有貨幣，「人類歷史上最重要發明」的亞軍也不復存在。

世界上的貨品只有在使用石造工具和獸皮的時候，以物易物還行得通。最早發展出抗生素的科學家需要實驗室、顯微鏡、電力、化學製品、注射器等物品，沒辦法以物易物。他們的發明需要數千名材料、貨品和服務的供應商，得找出支付的方法。為了保持照明，他們能給電力公司什麼報酬？提供必要設備的製造商呢？提供所需裝置的玻璃公司呢？剛生了孩子但必須在實驗室加班的助理呢？就此而言，如果仍以物易物，我的超級市場、房東、有線電視公司等等，是否願意拿本書的幾本成書來交換他們提供給我的東西？這些問題問下去會沒完沒了，而貨幣提供了所有的答案，讓抗生素、這本書及我們習以為常的貨品和服務能生產出來。

顯而易見的是，貨幣對人類和我們的生活選擇有極強的影響力。但在我們開始評估貨幣的影響前，需要先了解貨幣到底是什麼。雖然貨幣有很多例子，例如錢包裡那些綠色的紙張（美鈔），但要定義卻難得多。這就是經濟學家拯救世界的時候。經濟學家將「貨幣」定義為可以廣泛使用以取得各種商品及服務的東西，也就是「交易媒介」。可以用來在附近的商店買三明治、在網際網路上買襯衫、在城市街道上搭計程車、買表演門票，或買待售房屋，按定義來說就是「貨幣」。但要有用的話，貨幣也需要通過另外兩項測試。第一，隨著時間過去也能保有差不多的價值，以提供相對穩定的儲存價值（水果會腐爛，就不能當成貨幣）。第二，也必須很容易數算（氦氣就無法通過這項測試）。

能通過這三種測試的東西——可作為交易媒介、可充當儲存價值、容易數算——就是眾人眼中的貨幣。自古以來，貴金屬一直擔任這個角色（下一段會詳細討論）。在戰俘營裡，也曾聽說犯人用香菸當貨幣。曾有一度，鹽的價值比今日高出很多，也可以當成貨幣。事實上，拉丁文中的「salarium」是指士兵得到鹽當成酬金，到今日也演化成「薪水」的英文「salary」。

然而，在現代經濟中，我們對能通過這三項貨幣測試的東西已經有了共識。具體來說就是流通中通貨〔例如美國聯邦準備理事會，簡稱聯準會（Fed），發行的綠色「紙幣」〕，及銀行的活期帳戶餘額（可以透過支票、轉帳卡和手機應用程式取用）。*兩者都可以立刻用來購買出售的東西。其他的東西鮮少有這麼普遍的接受度，因此，其他的東西也不太可能是一般人眼中的「貨幣」。不確定的話，你可以去附近的商店或網店，試試看黃金、股票、比特幣或其他不是「貨幣」的東西付費，看看會有什麼結果。

你或許會想：那信用卡呢？我們用信用卡買很多東西。然而，信用卡不算是貨幣，因為信用卡只是讓你延後購買物品的付費（因此有「信用」兩個字），晚一點付款，而且你應該會用活期帳戶裡的「貨幣」支付。

你可能沒想到，非流通中的通貨（放在銀行金庫裡的通貨）或政府正在印刷的紙幣也不算貨

---

* 貨幣（通貨和活期帳戶的餘額）也叫作「M1」或「貨幣供給」（嚴格說來，也包括旅行支票裡的少量美元）。貨幣還有一個更廣泛的定義，叫作M2，包括M1裡所有的東西加上儲蓄帳戶裡的存款。儘管如此，M1還是眾人接納的定義，也是金融、商業和經濟界人士口中的貨幣。

幣。屬於某人，且真的會花掉的通貨才算是貨幣，這個人可以是消費者、企業、政府，或剛從銀行偷了通貨又成功逃脫的小偷。因此，儘管銀行金庫裡的通貨看起來很像貨幣，但不能花用，所以不算是貨幣（然而，這些錢在經濟裡也有它們的作用，我們在第十一章討論美國聯邦準備理事會和銀行業的時候就會提到）。

銀行金庫裡的通貨不算是貨幣，還有另一個理由。把二十元美鈔存進活期帳戶裡，你在這個帳戶裡就有等量的信用。銀行金庫裡的二十元通貨（不能花的錢）跟你活期帳戶裡增加的二十元（你一定會花掉的錢）一起算是貨幣的話，就誇大了經濟裡的貨幣量。貨幣的一種形式（紙張形式）只能交換或轉換成另一種形式（電子形式）。

重點是，這兩種形式的貨幣（流通中的實體聯邦儲備券與某人活期帳戶裡的電子信用）可以互換。銀行會很樂意幫忙轉換。如果銀行裡沒有足夠的通貨，聯準會會送一些過去（你可以去巡視美國政府的巨大印刷機，要多少通貨都印得出來）。＊如果你去提款，把鈔票裝進錢包裡，或存錢到你的活期帳戶裡，就是把一種貨幣形式交換成另一種貨幣形式。有人提款或存款，都不會改變貨幣的總量。至少在我們的故事裡還沒變。

最後，在我教經濟學的時候，我一定會在課堂上問，比爾．蓋茲有多少「貨幣」。問題的重點並不在於驚嘆他的財富（在本書寫作時約為一千三百億美元），而是強調貨幣跟財富不一樣。蓋茲的財富大多是公司股票（尤其是微軟的股票），我敢說，極少是貨幣的形式——通貨及活期帳戶的餘額。貨幣當然算是財富，但大多數人的財富（尤其是富人的財富）不是貨幣；而是股票、債券和不動產。

你或許會想：我們都知道貨幣是什麼了，何必要費這個心精確定義貨幣呢？因為貨幣的創造方式、負責創造的人，及得到貨幣的人（還有得到多少）都是推動經濟的力量。這不是抽象的想法，對很多事情都有直接且深遠的衝擊，從貧富差距到景氣循環，還有你我選擇的職業，以及我們的生活方式。了解貨幣是什麼以及貨幣的功用，是了解經濟的關鍵。既然貨幣這麼重要，下一節我會提到貨幣數千年來發展的背景，並解釋今日的情況。

貨幣的歷史

商品貨幣：最原始的貨幣

這個故事分成四個部分。第一個最簡單。最早的貨幣有金子、銀子、貝殼、鹽，只要是稀少有價值的東西都可以當貨幣。貴金屬尤其是很常見的貨幣形式，但當然有種種問題。

首先，一般人不能一眼判定貴金屬的純度。金幣和銀幣的品質可能不夠優質。五〇％是金子的

* 印製通貨的工作由美國財政部的雕版印刷局代理，而不是聯準會。

硬幣熔掉做成兩個硬幣，裡面只有二五%是金子，能辨別的人也不多。此外，要花大錢買東西的話，必須有足夠的力氣能把所有的金屬帶在身上，同時也要小心盜賊（那時候還不能打電話叫警察）。只花一點點錢的話，可能需要專業工匠把金屬切開。最後，如果你發現了貴金屬的新礦脈，你可能會變得很有錢，但其他人持有的價值就降低了，因為「貴」金屬的貴重性降低了。儘管無法通過三個貨幣測試中的兩個——純度的問題會造成數算的難度，稀少度的問題則讓價值上下波動——貴金屬和其他的稀有物品還是成為交易媒介，擔任貨幣的角色也延續數千年。但是，我們前面說過，科技有可能改變一切。

商品保證貨幣：略有改進的新貨幣

印刷機在十五世紀發明後，歐洲也開始流通一種新貨幣——紙幣（「通貨」），面上明確標記價值，通常由私人銀行家發行，例如義大利佛羅倫斯的梅迪奇家族。這些紙幣的「保證」來自紙幣發行人金庫裡的貴金屬。紙幣發行人宣稱他們握有的金子或銀子價值等於發行的紙幣。每張紙幣就像定量貴金屬的收據，貴金屬的價值等於紙幣的面額。如果要把紙幣換成真金白銀，發行人會很樂意提供。但你何必找麻煩？紙幣更容易攜帶、價值清楚標記、已經分成不同的面額，而且最重要的是各種商品及服務的賣家都願意接受。

這些紙幣變得難以控制就會造成問題。發行紙幣的私人銀行家應該在金庫裡放滿貴金屬來當作保證。但如果他們多發行了幾張紙幣來借給別人，對方付還借款時加上了利息，銀行家就可以把利息收進自己的口袋，或再多發行幾張紙幣用於其他的用途，誰知道呢？大眾不太可能拿自己的紙幣去換貴金屬。只要銀行家有足夠的金子或銀子，能滿足少數幾個怪胎想把紙鈔換成貴金屬的需求，也就夠了。他們發行的紙幣總「價值」可以超過手中貴金屬的總價值，沒有人會知道。

所以，銀行家除非起了貪念，不然應該沒事。要是有人發現銀行家手上的貴金屬價值低於他們已發行的流通紙幣，可能會湧進銀行要求兌換，引發擠兌。如果銀行家確實發行了太多紙幣，卻沒有足夠的貴金屬來滿足要求兌換紙鈔的大群憤怒民眾，銀行就破產了。一家銀行破產後，民眾對其他銀行也會起疑心，那些銀行也會被擠兌的人潮淹沒。「銀行擠兌」危機經常出現，通常以暴力收尾，為整體經濟帶來極其可怕的結果。因此，政府才會接管發行貨幣的業務。

「商品保證貨幣」是這種類型貨幣的俗名，連續使用了好幾百年，在二十世紀仍相當普遍。這就是為什麼英國的通貨叫作鎊銀（pound sterling），而美鈔上面常會看到「銀元券」，一九六四年以後才改成「聯邦儲備券」。跟私人銀行家發行貨幣的時候相比，在政府控制下，這個系統看似更完善，但仍有很大的問題。

首先，如果一個國家沒有足夠的金子或貴金屬當成保證，所謂的「金本位」會阻擋這個國家發行通貨。「金本位」確保政府不會印製太多通貨，導致現存的通貨失去價值。另一方面，金本位會束縛經濟。國家貨幣的價值被金本位拴在相對來說無用且稀少的金屬上，而且不在國家的控制範圍內。如果戰爭爆發，或經濟嚴重衰落，要解決這些危機，不可能靠創造通貨來解決。如果在偏遠之處發現新的金礦，降低了金價，國家的貨幣也會貶值，造成經濟風險。

聽起來像是晦澀的歷史，但每個人小時候都看過李曼・法蘭克・包姆（L. Frank Baum）最出名的寓言故事《綠野仙蹤》（*The Wizard of Oz*），因而在無意間學到金本位殘酷的本質。記得那條黃磚路嗎？似乎走到盡頭，桃樂絲跟她的朋友就能找到問題的解決辦法，那就是金本位。他們在找的奧茲國（Land of Oz）呢？縮寫「oz」指金子的重量盎司。一行人踏上黃磚路，路上經歷各種危險，最後只找到一個來自奧馬哈的老人，不能給予實際的協助。只要放棄那條路，他們就能更輕鬆地達到目標。桃樂絲跟朋友學到的教訓，也是二十世紀中各國政府學到的教訓。

法定貨幣：無中生有的貨幣

一九三〇年代的經濟大蕭條以及第二次世界大戰對文明造成的威脅，讓各國政府備感壓力。他們面臨了選擇：可以選堅守金本位，沒有足夠的貨幣來回應危機，並冒著崩潰的風險。或者，可以放棄金本位，只創造他們需要的貨幣。你應該猜到了——他們選擇後者。

那是什麼意思呢？英國從一九三一年，美國從一九三三年（從貨幣的歷史來看，算是近期的事情），都開始解除金本位。*他們開始創造沒有任何保證的貨幣，這些貨幣靠著政府的法令得到了價值；叫作「法定貨幣」。政府說他們創造的二十元鈔票價值是一元鈔票的二十倍，因為他們在一張上面印了「二十」，另一張印了「一」。基本上就是這樣。如果沒有眾人同意通貨的價值高過印製的紙，現今通貨的價值就不會超過印製的紙張。高出多少呢？就看政府印在上面的數額了。

印製通貨很簡單。政府將通貨送到會真的花掉的人手中（也就是「流通」），把通貨從受到嚴密保護、印製了許多官方文字的一疊紙張轉換成我們口中的「貨幣」，其中的過程就沒那麼簡單。第十一章會討論美國聯邦準備理事會，以及這個理事會如何控制流通中的貨幣量，也會詳細介紹這個費解的過程。

同時，法定貨幣讓我們學到一件很重要的事：如果貨幣本身要說是人類歷史上最重要的發明，而全世界的人都同意政府憑空創造的貨幣有價值，可說是人類歷史上最重要的意見。在地球上，人類全體同意的事，恐怕也只有這一件了，不然像是地球的形狀、天空的顏色或帝國大廈（Empire State Building）的地點都有很多爭議。另一方面，從客觀的角度來說，錢包裡跟活期帳戶裡的法定貨幣就只是政府發明出來的東西。然而，法定貨幣具有極高的價值，只是因為每個人（真的是每一個人）都表現得好像就是這樣，就通貨來說，大家則表現得像是通貨的價值就等於政府印刷機印上去的數字。這當然很好，像前面說的，經濟裡的商品及服務數也數不清的時候，以物易物行不通。還有另一個正面的理由：這表示我們的意見一致，認為某樣東西可以讓生活變得更好更輕鬆，而法令通貨確實就是這種東西。我們學到的教訓必須應用得更廣泛。

* 美國在一九七一年完全放棄金本位。

替代貨幣：未來的貨幣？

過去幾年來，政府對貨幣的壟斷似乎開始動搖。有些替代貨幣可以當作交易媒介，有穩定的儲存價值，因此廣受接納，是否也能跟美元一較高下？新的貨幣形式要出現了嗎？

在考慮未來的方向前，我們要先剔除所有天花亂墜的說法，專心研究替代貨幣到底是什麼。每一種替代貨幣都有兩個特徵：是虛擬貨幣，表示只有電子形式（不像紙鈔或硬幣具有實體），最重要的是，發行人不是政府。

問題來了，大家一定想問：這些替代貨幣由誰發行？大多數案例並沒有答案，因為發行人可以是任何人，懂一點科技，有好幾百美元可以付給網路服務，幫他們設定一種貨幣。甚至有可能是《紐約時報》的記者，例如大衛．西格爾（David Segal），他創造了自己的加密貨幣（應該賺不到利潤，但有新聞價值）。[1] 大多數替代貨幣的負責人依舊模糊不清，就連目前最知名的比特幣，我們也不知道創辦人是誰。[2]

儘管如此，像比特幣這樣的加密貨幣問世後，已經變成主要的替代貨幣。加密貨幣使用尖端的加密演算法，確保安全且難以偽造，因此得名。在二〇〇九年，流通中的加密貨幣價值為零，而到本書寫作時，總值已經超過兩兆兩千兩百億美元。[3] 值得注意的是，加密貨幣的總值基本上等於所有美國流通中通貨的總值（約為兩兆兩千一百億美元）。[4]

每次討論到加密貨幣時，都會提到加密貨幣根據的區塊鏈科技、加密的技巧、持有人的虛擬

「錢包」、每次交易用到的高度分散式電子帳簿、產生貨幣新單位的複雜方法（稱為「挖礦」），以及整個過程消耗的額外電量。如果這本書跟科技有關，或要教讀者怎麼投資加密貨幣（現在的量非常充足），就要討論這些細節。不過這是一本經濟書，研究這些細節就像研究印刷機怎麼把墨水弄到二十元美鈔上，跟本書沒什麼關聯。如同商業與經濟學的許多概念，各種不相關的技術細節會阻礙我們對經濟學的了解。

那麼，就本書的目的來說，替代貨幣有什麼重要性？大多數加密貨幣沒有保證，也沒有內在價值。就像前一節討論的法定貨幣，只是發行人不是政府，也只是網路空間裡的數字。那麼，加密貨幣的價值從何而來？

我們知道美元有價值，因為在美國，美元就是公認的交易媒介。除了可以使用美元，我們也必須用美元來購買、販售物品和支付債務，包括稅款在內，例外的情況非常少。就連最近在紐約舉辦的比特幣會議也要求與會者用美元支付門票。

另外，跟金條、米奇．曼托（Mickey Mantle）棒球卡，或藝術品經過認證的電子原稿（也叫作NFT，非同質化代幣的意思）一樣，每種替代貨幣都有特定的價值：因為供給有限，那個價值也是其他人願意付出的價錢。基本上就這樣了。

我覺得知識面不難，但大多數人就是很難壓抑自己的直覺，老覺得沒這麼簡單，一定有某種潛在的客觀價值。小時候，我跟父親去過洛杉磯的蓋蒂博物館（Getty Museum），看到梵谷的名畫《鳶尾花》。一九八七年，也就是蓋蒂購得《鳶尾花》的前幾年，這幅畫變成有史以來最高價的畫作，當時一名私人投資者花了大約五千四百萬美元買下它。我父親說這幅畫不好看，筆觸「有卡通風格」，花五十四美元去買都嫌多。

我想，我可以向他證明一項資產值得某個價格，並不是因為客觀的理由（例如美感），而只是因為有人願意付出這樣的價格。因此，我問他，二十美元鈔票的美感是不是一美元鈔票的二十倍。他想了想，然後說：「對啊，我覺得是。」這段對話最終只能證明，很多人需要設計出一個客觀的基礎來決定資產的價值，但這樣的基礎顯然不存在。

所以我們依舊沒有答案，為什麼有人願意付相當不尋常的金額去買某些替代貨幣，有些卻完全沒有人買（實際上，大多數的替代貨幣沒有人要買，看看替代貨幣的數目就知道了，發行了很多，但無處可去）。那個問題的答案很適合寫成行銷書，因為大多數的替代貨幣其實沒有明顯的差異。或許某個知名網紅握有不少的某種貨幣，會大力推銷，增加自己的資產。或許某些貨幣發展出了線上社群，加入的人樂在其中。或許有人喜歡貨幣使用的形象，例如用了可愛日本柴犬的狗狗幣（Dogecoin），二〇一三年發行時只是為了搞笑，結果估價總值來到三千兩百億美元。有些貨幣變得很熱門，但幾乎一模一樣的貨幣卻無人問津，也突顯了本書的一個核心概念：經濟學想了解人類的價值觀和行為，而不論有些人怎麼想，這些價值觀和行為很難濃縮成化學或物理學等硬科學常見的那種客觀公式。

因此，這些貨幣都會慘敗，還是會存活下來，去替代各國政府發行的主要貨幣？我們當然還不知道確切的答案，但有幾項事實可以提供資訊，幫我們得出看法。

首先，替代貨幣的發行人沒有管制的方法，不像控制美元的聯準會或其他國家發行通貨的中央銀行，他們在各地的活動也沒有那麼透明。聯準會的理事和他們受法令規定要遵守的規則都很明確——但比特幣或大多數替代貨幣不見得是這樣，你現在應該懂我說的缺乏透明度是什麼意思。在缺乏法律的情況下，這些替代貨幣的發行人（不管是什麼人）有可能起了貪念，開始發行更多單位的貨幣，減損現有單位的價值。他們每個人都說不會或不可能，但使用貨幣的人怎麼能強迫他們遵守承諾，或在發行人失信時得到賠償？

就連所謂的穩定幣也一樣，這種加密貨幣的價值與標的資產掛鉤，標的資產則跟美元一樣有穩定的價值。穩定幣的發行人應該持有此幣掛鉤的實際資產（就像政府用黃金當成通貨的保證）。因此，穩定幣照理來說只是實質資產的數位表示，跟實質資產具有同樣穩定及客觀的價值。

回想一下早期私人銀行家發行的貨幣，以商品當作保證，你或許就能明白為什麼「穩定幣」可能名不副實，沒有那麼穩定。要確認誰在何處握有什麼資產，以及與這些貨幣有連結的數額，就會立刻看到漏洞。泰達幣（Tether）是發行量最大的穩定幣，與美元掛鉤，所以每一「泰達幣」的價值是一美元，儘管如此，依然無法證實他們持有的美元數目等於流通在外的貨幣價值。此外，穩定幣不保證能贖回或轉換成掛鉤並應該由發行人持有的實質資產。

關於替代貨幣，第二個重要的考量是技術的漏洞，因此這些貨幣可能會被駭、偽造或碰上其他詐欺事件。要了解這個問題的嚴重性，想像你碰到帳戶的問題，要打電話給銀行客服，一定會覺得困難重重，又充滿挫折感。再想想，如果你的「銀行」是不受管制的個體，只存在於網路空間，與真人（actual human beings）沒有關係，甚至連客戶服務也不提供，那你碰到問題時，一定會更加氣餒。

第三個考量則是政府可能會嚴加限制替代貨幣，認定加密貨幣的發行是龐氏騙局，或違反管理販售「投資物」給大眾的證券法。美國可能會全面禁止替代貨幣，中國則是限制相關的付費、貯存和其他服務，提高替代貨幣的使用難度。這些禁止手段或許很難施行，但有可能造成嚴重貶值。

政府也可能想到方法來應對替代貨幣市場的匿名性，降低貨幣交易吸引人的程度。這會嚴重削弱替代貨幣當前的一個重要用途——支付非法交易，例如付贖金給電腦駭客。政府也能針對交易者的利潤合法徵收更多的稅賦，而在本書寫作時，這方面的利潤大多並未向稅捐機關申報。

替代貨幣還有一個風險是，中央銀行可能會發行自己的數位貨幣（叫作中央銀行數位貨幣，簡稱CBDC）。加勒比海幾個國家的中央銀行已經開始發行當地貨幣的數位版本，另外有很多國家的中央銀行也開始探索做法，包括聯準會在內。CBDC具備政府發行貨幣的透明度、可信度和安全性。另一方面，使用者可能也會擔心CBDC的私密性，尤其是想用替代貨幣進行非法交易的人。關鍵在於，如果中央銀行願意接納創新的科技，準備發行貨幣的數位版本，替代貨幣就要面臨重大的競爭威脅。

如果替代貨幣有可能對政府的貨幣獨占權造成不良的影響，政府就愈來愈有可能啟動數位貨幣的業務，或用法律禁止或限制替代貨幣。政府有了獨占權，才能透過貨幣政策（在本書第四篇會提到）影響經濟，因此，政府不太可能靜悄悄地放棄數位貨幣。

在本書寫作時，替代貨幣還有很長的一段路要走，才能成為廣為接納的貨幣。然而，替代貨幣的價值和重要性依然會繼續成長，尤其是替代貨幣變得愈來愈容易使用，一些可靠的大型組織也可能開始發行；例如，最近臉書正準備推出虛擬貨幣「Diem」。

在歷史上，民眾面對不確定性，質疑政府的穩定性時，會買黃金或鑽石等其他有形資產。至少就某種程度來說，加密貨幣現在似乎能滿足那個角色。大眾願意為這些完全虛構（無中生有）的貨幣單位加上數十億美元的估價——發行人不知道是誰、強加模糊不清的規則，而且用上了我們不懂的技術。加密貨幣的未來或許不明朗，但受歡迎的程度卻充分證明我們對政府和傳統貨幣缺乏信心。

通貨膨脹

現行或未來可能使用的貨幣類型不論是什麼，都有可能出現通貨膨脹。通貨膨脹通常定義為平均價格的增長，但也可以看成貨幣購買力的下降。很簡單，如果價格上升了五％，表示你的貨幣價值下降了五％。

目前，我們就用一個簡單的例子來說明為什麼會出現通貨膨脹。假設有一個拍賣會，並把固定數額的玩具「美鈔」分給與會者，拿來買展示的物品。如果玩具美鈔的總數增加（請記住，這些玩具美鈔只能在拍賣會上使用），但販售的物品數目並未增加，且與會者願意競標，也會提高每項物品的出價。因此，每項物品的出價（或價格）就會上升——引起通貨膨脹。舉例來說，如果玩具美鈔的數額增加了一〇％，每項物品的平均出價應該也會增加一〇％——那就是一〇％的通貨膨脹。通貨膨脹也可以看成將現存的每一美元價值縮減一〇％，在美元的總數增加後，每一塊錢能買到的東西就少了一〇％。

我們的經濟運作也一樣，但規模大多了。如果國家的貨幣供給成長速度超過商品及服務的總供給量，價格一般也會增加。就像經濟學家的說法，通貨膨脹基本上就是太多錢追趕著太少的物品。

還有一個方法可以描繪這種重要的關係——假設有一大池貨幣，也就是美國的總貨幣供給量，通貨加上活期帳戶的餘額。跟拍賣會的例子一樣，所有商品及服務的價格取決於貨幣池相對於商品及服務池的大小。如果貨幣池變大的速度超過商品及服務池，就是通貨膨脹。如果變大的速度比較慢，則會出現通貨緊縮。如果成長速率一樣，價格會保持穩定。

通貨膨脹跟很多東西一樣，適度則無礙，不然會造成災難。這種災難情景叫作「惡性通貨膨脹」，意思是物價飛快升高到失控的地步，最後讓貨幣失去價值。我們會在第十一章詳細介紹美國政府如何控制流通的美元量，以及過去其他政府在什麼樣的情況下曾控制不了該國的貨幣量，也會討論惡性通貨膨脹。

近來出現的通貨膨脹主要是因為新冠疫情造成的生產難題（通常稱為「供應鏈中斷」），還有烏克蘭戰爭造成的供油問題。然而，在本書寫作之時，這兩個問題以及它們造成的物價上升，希望都只是暫時的情況。無論政治人物如何大聲疾呼他們有理由縮減政府開銷，目前還看不到惡性通貨膨脹的跡象，貨幣供給量也尚未上漲到失控的程度。

金融經濟對比實質經濟

很多人會混淆金融經濟和實質經濟。金融經濟就是貨幣池：政府印出來的綠色紙鈔及我們銀行帳戶裡的電子紀錄。我們也知道，能憑空創造的貨幣完全沒有上限。貨幣量只是聯準會控制的數字。貨幣具有價值，只是因為我們願意用貨幣交換實質的商品及服務。

另一方面，實質經濟則是那一池生產出來和消耗的實質商品及服務。按著金融經濟，這些商品及服務用美元來計量，但它們不光是數字。還是我們的食物、衣服、裝扮、資訊來源和生命泉源。也是人類勞力的產品，意思是說它們不像貨幣，在聯準會的電腦上按幾個鈕並無法增加產量。

創造更多貨幣肯定可以抬升東西的價格，但不一定會增加東西的量。對人類福祉來說，東西的量才是重點。膨脹物價就像膨脹考試的分數——分數或許升高了，但學生並未變得更博學。

我前面說創造更多的貨幣「可以」抬升價格，而不是像前一段寫的「會」，有我的理由。在拍賣會的比喻中，更多的貨幣肯定會造成通貨膨脹。如果玩具美鈔增加了某個百分比，銷售的商品卻不變，會出現通貨膨脹，等同於玩具美鈔增加的百分比。然而，在真實世界中，（在某些情況下）更多貨幣實際上可以導致更多的商品及服務被製造出來——金融經濟可以衝擊實質經濟。假設給出價人更多玩具美鈔，拍賣會的商品數目就跟著增加，或者膨脹測試的分數，讓學生看起來更聰明。

這個人造的世界由綠色美鈔和銀行帳戶裡的電子紀錄構成，怎麼能影響實質經濟裡東西的數目呢？那是因為我們嚴重混淆了這兩個世界，根據金融經濟裡的變動決定實質世界裡的行為。看到更多的貨幣時，我們會表現得好像實質經濟真的在成長。消費者開始花更多錢，而且如果經濟出現斷層，企業就開始雇人，提高產量。金融世界和實質世界出現混淆的話，政府就會開始管理經濟，讓我們脫離經濟衰退。在第十二章介紹貨幣政策時，我們會討論政府如何管理這種混淆。

與此同時，不論貨幣量的變化是否影響美國生產的東西總量，依舊會影響誰拿到什麼東西，因為某些東西的價格上升幅度較大。通貨膨脹是物價的平均增加，包括所有商品及服務的成本，勞力成本也囊括在內。由於勞力成本是最重要的生產成本，通貨膨脹升高時，也應該平均地提升工資和薪金。然而，跟所有的平均值一樣，有些工資高於平均值，有些則比較低，有時候高低的差距會非常大。如果變異很大，平均值就可能造成誤導。想一想，「平均」的成人只有一個乳房和一個睪丸。

很多位於薪級表中間和低層的勞工工資，近來增加的速度根本比不上位於高層的勞工（執行長及華爾街的經理人也是「勞工」，他們賺的錢也是「工資」）。前面說過，美國的經濟逐漸變成贏家通吃的經濟。本書還會繼續提到這種愈來愈大的差異。但這裡的重點是通貨膨脹本身，不像前一章討論過的趨勢，並不是不均的主因。通貨膨脹只是一個平均值。通貨膨脹不論是高、低、零或負值，有些勞工的工資就是會漲得比平均值高，有些則不會。

問題不是工資的平均變化，而是誰的工資比平均值高和高出多少，還有誰的工資比平均值低跟低了多少。決定的因素是經濟制度裡的趨勢，會破壞機會，啟動不均。這些趨勢有可能損害經濟制度的整體目的：改善人類生活並盡量滿足我們的需要與需求。因此，在下一篇，我們要檢視那個制度對個人的影響。我們會討論經濟餅的大小、切割的方式，以及國際貿易對經濟餅的影響。

第二篇

人民

UNDERSTANDABLE ECONOMICS

PEOPLE

第四章

支出、生產及所得：我們的經濟有多大？為什麼有關係？

英文有句俗語說「有錢能讓世界轉起來」……事實上卻是世界（全球、經濟、政治和社會事件）讓貨幣能夠轉動。

——薩凡娜·傑克森（Savannah Jackson），財務顧問

一個人的支出，是另一個人的收入

經濟學裡一個最基本的關係是人類支出和收入之間的關係。這個關係跟大多數的經濟關係一樣，一想到經濟就能變得很清楚，不需要公式、圖表和複雜的圖形。尤其是如果你把每一個美國人的年收入加起來，*就會等於那年在美國花在商品及服務上的總支出（假設你會遵守某些會計慣例）。

每一本經濟學教科書裡都有用上幾個不同變數的等式，來正式呈現這種關係。就我看來，這個等式跟經濟學書籍裡的許多等式，對大多數想了解經濟學的人並沒有幫助（還有可能造成混淆）。要了解這個世界上發生了什麼事，關鍵在於把焦點放在實際發生的事情上。

由於收入和支出之間的關係非常重要，我會舉三個例子來說明，而不是給一個等式。首先，如果我在亞馬遜買一本二十美元的新書，我花了二十美元，有人賺了二十美元。那個「有人」其實是一群人，通常包括出版經紀人、編輯、出版該書那家公司的老闆、行銷大師、亞馬遜的勞工和股東，說不定還有一位作者。我買了這本書，讓這些人得到的總收入正好是二十美元。

同樣地，如果一家公司花了兩千萬美元設計和實作電腦的新軟體，程式設計師、加班學新系統的員工，和所有其他負責提供與設定新電腦系統的人，總共的收入是兩千萬美元。

最後，假設政府花了五十億美元在南方的國界上蓋一道牆，會產生總共五十億美元的收入，分給蓋牆的勞工、提供建築設備的供應商、工程師、政府聘請的許許多多顧問，以及所有提供商品或服務的相關人士。就最低限度來說，所有的收入都來自民眾、企業或政府在新商品及服務上的支出。

* 在不同的情境中，「收入」可以有不同的意思。在這裡，收入指所有薪資、業務利潤、利息和租金（加上一些技術調整）的總和。在稅務的情境裡，收入的意思有點不一樣。例如，如果業務利潤留在企業裡，就不包括在收入裡（也就是說，不會分配給企業擁有者），但依然包含銷售資產的增益，例如某人的住家。在其他的情境中，收入只是某人賺到的薪資。

由於收入取決於支出，個人決定要少花一點錢存起來，是不是就錯了？因為整體的收入減少了。財務顧問、爸媽、朋友，或甚至經濟學家都一直告誡我們，應該要儲蓄一些收入，不要全部花掉。但一個人存的錢愈多，其他人賺的就愈少。那麼，存錢怎麼會是好事？

這個問題叫作節儉的矛盾（paradox of thrift），突顯了在每個人都遵行的情況下，對某個人有利的行為（儲蓄多一點錢）可能會造成傷害（降低整體收入）。你可以比較一下這兩件事：一是增加存款，二是在駛進紐約港的擁擠小船上，想辦法移到船的側邊。大家自然都想移到能看到曼哈頓下城的那一側。但是，如果大家都跟你一樣做出這個合理的選擇，船就翻了，拼命游上岸的時候，根本不會想到曼哈頓的景色。

經濟也是一樣。存多一點錢，對每個人來說都很合理。在支出上做一些小小的犧牲，提升未來的保障，讓我們可以去做本來做不到的事。在真實的世界裡，某個人花少存多的決定通常會被另一個人花多存少的決定抵銷。但如果每個人都開始存多一點錢，收入就會下降。收入下降時會發生什麼事？支出變更少。支出變少後，會是什麼情況？收入繼續下降。收入繼續下降，會變成什麼樣？我想，你應該懂了——經濟遭受重創。

國內生產毛額

二〇二〇年，人們花了大約二十兆九千億美元購買美國生產的新商品及服務，因此在美國產生了大約二十兆九千億的總收入。[1]那個數字正好也等於另一個你或許聽了很耳熟的數字：美國的國內生產毛額（GDP）。某年的GDP定義為那年美國生產所有商品和服務的美元價值（也就是售價）。

包括你付出去買襯衫、剪頭髮跟買這本書（或任何東西）的錢；政府鋪路的花費以及給教師的薪資；企業花在安全服務和新電腦設備上的費用。GDP可以想成經濟的成績單——讓我們知道全國在某一年生產了多少東西。

計算GDP、總支出和總收入的詳細規則，可以查看專門的書籍。最重要的是，這些規則的設計要能確保這份經濟成績單正確無誤，方法是確認美國在該年生產的商品及服務都歸在美國名下，其他的就不算。

舉例來說，前一年生產的商品轉售就不算是GDP，例如二手商品的銷售額，包括已經蓋好的房子。*這些商品已經算在它們生產那年的GDP裡。外國人生產的商品銷售額也不會算進GDP。同樣地，只是轉移資產，例如股票、債券、貴金屬或土地的販售，也不算「銷售額」。這些銷售額只牽涉到一個滿手現金的人跟一個有資產的人互換位置——完全不為某人的利益而生產商

* 如果二手商品的售價有部分是銷售相關服務的費用，這部分的價格就含在GDP裡。舉例來說，賣出已經蓋好的住屋，房價不會含在GDP裡，但仲介收取的費用及售價之外的所有其他費用都算是GDP。

品或服務，因此也不該納入國家的經濟成績單。最後，銷售給企業來生產其他商品的投入銷售量也不算在內，例如賣給汽車製造商的玻璃和鋼鐵。如果都算的話，GDP就會膨脹。賣三萬美元的車子應該只加了三萬到GDP裡面，而不是三萬元再加上汽車製造商買鋼鐵和玻璃的錢（還有勞力與其他各種投入）。重點是，做幾個技術上的調整後，＊花在新的和最終的（換句話說，可以直接拿來用的）商品及服務上的支出等於GDP。

美國每年的GDP都等於該年花在商品及服務的總支出，等於美國那一年的總收入，並非巧合。如果我們花了二十兆九千億美元購買新商品及服務，然後生產了二十兆九千億的新商品或服務，因此賺了二十兆九千億美元，也不是巧合，非常合理。在上一段的例子裡，新書會貢獻二十美元給GDP，新的電腦系統會貢獻兩千萬美元給GDP，牆則會貢獻五十億美元給GDP。支出等於收入等於GDP。

最後，就像GDP可以告訴我們在某個時間點經濟的生產量有多大，也可以指出經濟過了一段時間後的改善程度。比較某年與另一年的GDP，只有一個問題，變化可能也有部分來自價格的改變（通貨膨脹）。因此，如果某年的產出跟隔年一模一樣，但價格上升，GDP也會增加，但我們並沒有比較好過。

因此，為了衡量一段時間後經濟的實質成長，經濟學家會減去通貨膨脹造成的價格增長——這叫作「實質GDP」成長，因為衡量了真實產出的成長。平均來說，按實質GDP衡量的美國經濟自從第二次世界大戰結束後，每年的成長只略為超過三％。在這段期間內，與近期相比，早期的成長比較高。自二〇〇〇年以來，實質GDP的成長已經減緩到每年大約一．八%，有些經濟學家擔心成長率還會繼續放慢（他們稱為「長期停滯」）。2

更多就一定更好？

大家都喜歡排名，有了GDP數字，我們可以用生產的商品和服務總價值來排名國家的經濟。在本書寫作時，美國的GDP是全球排名第一，不過很多人預測在接下來的幾年內，排名第二的中國會變成第一。經濟學家、國家領袖、商務人士和國際投資人會用這些統計數字來評估每個國家的表現如何。有道理嗎？

我們已經討論過用GDP來衡量人民福祉的第一個問題：GDP只是等於每項商品和服務銷售價格的總額。由於電腦的價格下降，但品質大幅提升，每台新電腦貢獻的GDP變少了，使用者福祉卻提升了。之前，爸媽會買百科全書來教育孩子，現在所有的資訊（與更多的資訊）都能免費在網路上找到，百科全書貢獻的GDP變少了，但人類這方面的福祉更好了。如果我在自家後院種有機蔬菜，而不是去超級市場買包了好幾層塑膠的貨品，賣菜少賺的錢會減少GDP，但是

＊ 例如，在某年生產的商品進了庫存，隔年賣出的話，算在第一年的GDP裡。

我卻享受到更好的食材（對環境也比較好）。如果犯罪率下降，保全系統跟警察保護的支出降低，GDP變少了，但我們顯然感到更安全。這些例子告訴我們，想用GDP精確判斷人民的福祉，有很多限制。

當我們想比較各國的GDP，而每個國家都有自己的貨幣時，第二個問題就來了。為了達到比較的目的，每個國家的GDP數字必須轉換成通用的貨幣。最常用的共同貨幣就是美元，但怎麼換算又是一個問題。只用普遍的匯率可能造成嚴重的扭曲。

買賣各國貨幣的外匯交易商負責決定匯率，創造可以交易大多數國家貨幣的全球市場。在這個市場裡，如果我們想從另一個國家進口東西或在那個國家投資，可以把本國的貨幣換成另一個國家的貨幣。因此，在國際市場上買賣的商品、服務和資產會決定匯率，例如原油、電視、政府債券和其他「可交易的」商品。這些是人們用外幣來買的商品，因此也會決定外幣的價值。只能在當地販售的商品和服務有剪髮、住房、學校教育和新鮮的本地食物（經濟學家口中的「非貿易」商品），當地人所支付的費用對匯率基本上沒有影響。對我們來說，這是什麼意思？

意思是如果一個國家有便宜的、不能交易的本地商品，他們的GDP無法如實反映出人民的生活品質。可以猜猜看哪些國家一般具有便宜的、不能交易的本地商品——就是比較貧窮的國家。他們有便宜的土地、勞力跟其他投入，因此當地的商品與富裕國家的類似商品一比，相對來說一點也不貴。舉個例子，住房尤其是重要的不可交易商品（固定在地面上，不能出口，除了某些非常高端的地產，幾乎都由當地人購置）。你可以看看在美國跟在比較窮的國家，用同一筆錢可以買到更大的房子。拿墨西哥跟美國比較，同樣大小等級的房子在墨西哥比較便宜，對墨西哥GDP的貢獻就少了。如果看頻譜的另一端，像瑞士和盧森堡這樣的富裕國家，有昂貴的不可交易商品，他們的GDP就會誇大人民的福祉程度，因為GDP裡含有這些商品的高昂成本。

經濟學家試過用「購買力平價」（PPP）匯率，把每個國家的GDP轉成美元，來解釋這些扭曲。因此，他們會先決定在每個國家購買一大包消費品所需的當地貨幣量。PPP匯率就是能讓某個人在美國購買同一包商品的匯率。目標是當另一國的GDP轉成美元後，轉換的匯率能反映當地貨幣在當地經濟中的實際購買力。也就是說，PPP匯率會比較某一個國家的蘋果數目跟另一個國家的蘋果數目（實質經濟），而不是某一國的蘋果價格跟另一國的蘋果價格（金融經濟）。

聽起來都很科學，但是想想看，要在每一個國家收集同樣的一包商品有多難，尤其是各地商品及服務的品質可能有非常大的差距。此外，每個國家也有使用現金交易的重大非正式經濟，很多國家更有大規模的黑市經濟，兩者都不太可能完全囊括在資料中。經濟學家會估算這些區塊，想辦法插進GDP數字裡。然而，國家愈窮，這些經濟區塊一般來說就愈大，那些國家的GDP計算就更有可能低估。

最後，要用GDP數字來說明一般人的福祉狀態，我們需要知道兩項事實。第一是該國的人口，以便算出每人的GDP（比較常見的說法是「人均GDP」）。用人均GDP來排名國家的話，美國的名次依舊非常好。美國遠遠超過中國，因為中國的經濟產出跟美國差不多，但要除以四倍多的人口數。

第二，我們需要知道GDP劃分給所有人的平均程度。如果某個國家有明顯的所得不均，而另一個走平等主義的國家GDP則比這個國家低很多，但前者的一般國民可能過得比後者的差。收入在國內的分布均勻程度很難精確計算。所得不均最常見的計算方式是吉尼係數（Gini index），提供所得分布的分數。分數為零，表示該國的每一個人都賺一樣的收入，一百表示所有收入的百分之百都歸給一個人，其他人什麼都沒有。[3]根據世界銀行的報告，「共產主義國家」中國和越南的吉尼係數（分別為三八・五和三五・七）高過（表示所得不均較高）「資本主義國家」德國和加拿大（分別是三一・九和三三・三）。[4]美國的係數為四一・四，所得不均超過以上四個國家，也高過其他工業化大國。

在貧富不均愈來愈嚴重的時候，就更需要用吉尼係數來評估一般人的經濟福祉。舉例來說，瑞典的人均GDP雖然略低於美國，但一般的瑞典人有可能過得比一般美國人好，因為收入的分布比較平均（瑞典的吉尼係數是三〇・〇）。

即使忽略所有的問題，在某國內可以分配給一般人的GDP也能確切算出來，GDP高不高，很重要嗎？這個問題的答案跟所有經濟學問題的答案一樣，要多看多觀察才能決定。年收入是六三四一四美元的人過得是否比年收八三二九美元的人更好？那是美國和墨西哥在二〇二〇年的人均GDP數字，[5]資料來自世界銀行。我想大多數人會同意，那種幅度的差距很大。但比較小的差距呢？例如美國和德國（四六二〇八美元）、瑞典（五二二七四美元），或甚至是英國（四一一二五美元）或瑞士（八七〇九七美元）？

美國與其他富裕國家的人均GDP差異可能主要是因為在其他國家，大多數人的工時跟美國比起來都比較少。較短的工作週、較長的家務假、更早的退休年齡及更多的假日會降低GDP，但真的會降低生活品質嗎？因此，這些相對來說，較小的GDP差異或許不具任何意義。

GDP的限制太多，無法評估生活品質，因此也出現幾種計量方法，想直接用各種因素來測量福祉，例如壽命、營養、個人自由、安全、教育及醫療服務。其中一個是社會進步指數（Social Progress Index），幾位傑出經濟學家的研究成果。這個指數收集五十個福祉的指標，產生「不受經濟指標影響，真實生活品質的全方位衡量」。[6]美國在這個係數的排名是第二十四名。按其他生活品質的衡量方法，美國的排名也不如人均GDP那麼高。

儘管如此，一般來說，高出平均很多的人均GDP確實代表該國人民可享用的商品和服務比較多。資源多，不一定保證能過得更好，但會提供助力。就像高收入的家庭可以揮霍資源，高GDP國家也可以把生產浪費在無用的國際交流、過度的保全、大規模的健保官僚制度，或高成本的監禁，來處罰違法但對社會無害的人。另一方面，就像低收入家庭會明智地使用資源，低GDP國家可以把資源用於教育（提升公民的生產力）、基礎建設（提升經濟的效率），以及生活品質的措施（減少健康不佳、犯罪和其他社會問題造成的經濟損失）。

起碼，產量更高的經濟能為人民創造機會，享有更好的生活。因此，如果人均GDP增加，生活品質沒有跟著提升，問題不在於產量——而是誰得到了購買力，以及他們怎麼用。下一段會想辦法解答這些問題。

誰在花錢？

美國商品和服務的支出有四個來源：（一）美國消費者的十四兆一千億美元（大約有三億三千萬人，購買的商品及服務不勝枚舉）；（二）國內企業的三兆三千億美元（用於建築、機器、設備、軟體、專利，以及其他用於生產的所有商品及服務）；（三）政府的三兆九千億美元（聯邦、各州及各地的分部）；（四）外國消費者、企業及政府的兩兆一千億美元（他們購買從美國出口的美國製商品及服務）。四個類別的支出加起來是二十三兆七千億美元，比美國的GDP高出兩兆八千億美元。為什麼有這個差距？美國人花的錢有一部分用在外國製的商品和服務（進口），美國人購買（但非美國生產）的東西不該計入美國的GDP（美國的經濟成績單）。具體來說，美國花在進口貨品上的錢是兩兆八千億美元。從總支出減去這個數字，結果是二十兆九千億美元，等於美國的GDP（進出口還有很多要討論的，請看第六章）。[7]

你或許注意到了，美國政府的支出占GDP的比例似乎很低。二〇一九年，光是聯邦政府的預算就有四兆四千五百億美元，二〇二〇年則因為新冠疫情，升到六兆五千五百億美元。[8]納入州政府和地方政府的預算後，二〇一九的總額升高到六兆八千億美元，二〇二〇年則是八兆八千億美元。[9]那麼，各級政府在商品及服務上的總支出怎麼可能只等於三兆九千億美元？因為政府預算中有超過一半的錢並非由政府花費在商品及服務上——只是轉移給個人（透過社會安全保險、學生補助和食物券等方案）或企業（透過補助金和津貼的方案），讓他們來花用。

你可以把政府預算分為兩個類別。我們已經討論過第一個類別：政府花在商品和服務上的錢。包括國防、健保、道路、教師和警察的支出，這是政府每年採購商品及服務的少數幾個例子。

另一個較大的類別則是政府轉給別人花費的錢。舉例來說，在二〇二〇年，聯邦政府預算包括社會安全保險的一兆一千億美元、營養補充援助計畫（我們常說的食物券）的九百五十億美元，以及美國農夫津貼的四百六十億美元。[10] 這些方案都是「移轉性支付」的例子，意思是在經濟裡，政府沒有花掉這筆錢，而只是轉給人民或企業，成為他們在經濟中的開支。移轉性支付讓政府能把貨幣重新分配給美國人。政府從某些人身上取得購買力（課稅或借貸），重新分配給其他人（提供移轉性支付給這些人）。如此一來，就像我們會在本書最後一篇討論的，在應對所得愈發不均的時候，移轉性支付能扮演非常重要的角色。

經濟學家說美國的經濟是消費者經濟，因為消費者支出是所有支出的主題，也是驅動生產的主力。消費者的直接花費實際上低估了消費者的重要性。少了消費者的支出，企業就沒有理由把錢花在工廠、工具、設備、辦公大樓和電腦，他們需要這些東西來生產民眾會購買的商品和服務。

有些人主張降低富人的稅金，可以促進經濟成長，創造更多的工作，但這些人忽略了消費者的重要性。這個論點有很多命名，例如雷根經濟學（Reaganomics）、下滲經濟學（trickle-down economics）及供給面經濟學（supply-side economics），目前仍很受政治立場偏右的人歡迎。他們認為，有錢人比較有可能要什麼有什麼，因此跟環境普通的人相比，他們更有可能把減稅的錢存起來。這麼說也沒錯。

但是，存款變多，不代表企業投資會增加、經濟會成長，以及工作會變多。要了解經濟，這種主張違反了最重要的規則：使用常識。如果產品需求沒有提高，能幹的生意人怎麼會想要投資擴大業務呢？另一方面，即使產品真的有需求，不論富人付什麼樣的稅率，生意人也會找到方法來開拓財源。如果產品的需求沒有增加，就算有財務擴展的機會，他們也充耳不聞。

市場對商品和服務的需求增加，企業才會擴展，要促進經濟成長和創造工作機會，更有效的方法是把減稅集中在收入較低的人身上。富人減稅後省下的錢有可能存起來，但比較不富裕的人得到減稅後卻更有可能把錢花掉，為更多的商品及服務創造需求。如果減稅集中在富人身上，「下滲」給其他美國人的只有一點點。如果減稅或其他財政福利集中在非富人身上，例如債務豁免或現金移轉性支付，這些錢幾乎都會立刻花在新的商品及服務上，讓企業提高投資，增長經濟來滿足新的需求。

很明顯地，誰在花錢以及他們會花多少錢就取決於他們有多少收入和財富。賺取收入和累積財富的方式則是下一章的主旨。

第五章

工作所得、投資所得及財富：勞方及資方之間如何劃分所得？

我的錢是用老派的方法賺到的。繼承而來的。

——約翰．雷斯（John Raese），商人，曾任西維吉尼亞州共和黨主席

誰在賺錢？

我們在前一章討論過，花在美國生產商品及服務上的每一塊美元都為美國人創造一美元的收入。*那麼，這些花出去的數兆美元怎麼變成我們的所得？只有兩個方法。

* 某人收入的錢可以從他們轉給另一個人，讓那個人來花費。這種移轉可以是自願的，例如遺產和贈與，也可能是非自願，例如繳稅為政府轉帳方案提供資金。這一段的重點是原先得到收入的人，而不是那筆收入一部分的轉移對象。

第一個方法是工作賺來的工資、薪水、小費、獎金和其他所得。這個類別包括所有的薪水，從最低工資勞工的時薪，到執行長每年數百萬美元的紅利，也就是所謂的「工作所得」。全部加起來，可以看成美國GDP中屬於勞動的份額。

我們第二個賺得收入的方法是「投資所得」。這個類別包括企業的利潤、放款的利息支付，及不動產的租金。＊把所有的投資所得加起來，可以看成GDP中歸給資本家的份額（也就是產生所得的資產）。

第二個類別的規模甚至超乎一般人的想像，因為企業利潤的每一塊錢其實就是企業老闆賺到的一塊錢收入。即使那一塊錢只放在企業的銀行帳戶裡，並未以股利或資本報酬的形式分配給企業擁有者，也依然是收入。企業跟人不一樣。企業可以擁有資產和賺取利潤，但擁有權屬於真人，這些人才是這些資產和利潤真正的擁有者及受益人。企業付了所有費用、工資、稅款和其他的債務後，剩下來的利潤也就是擁有者的錢，等於分配給他們的錢。把現金留在企業帳戶裡，沒有移進擁有者的個人帳戶，不代表這些錢就不屬於企業的擁有者。

所以，勞方和資方之間的GDP如何區分？麥肯錫全球研究院（McKinsey Global Institute）指出，美國總收入中勞方的份額在二〇〇〇年是六三．三％，二〇一六年降到五六．七％（意思是資方的份額從三六．七％增加到四三．三％）。[1]同樣在這十六年間，另一件事突顯了所得從勞方移向資方的這個變化，美國的GDP增加了八二％，而勞工的報酬淨值中位數只增加四六％。[2]

綜合前一章的內容，我想讀者應該已經做出正確的結論，如果工作所得成長的速度比GDP慢，投資所得的成長速度就比GDP快。過去二十年來，大多數大國給勞方的收入份額都在下降，只是幅度不如美國那麼大。[3]

本質上，一般勞工受到雙倍的沉重打擊。整個經濟餅分給勞方的比例逐漸變小，而我們在第二章也討論過，縮小的部分在分割給頂層的人與其他人的時候，分配愈來愈不均。為什麼資方的份額不斷增加？

富者愈富

所有的工作所得都來自勞動，而所有的投資所得都來自財富——產生投資所得的資本擁有者。財富主要包括股票（代表企業的擁有權）、債券（代表債券擁有者名下的債券）、實體資產（例如可以出租的房地產）及銀行帳戶的餘額。在本書寫作時，美國約有一百四十五兆美元的財富。[4] 構成財富的資產一般也累積了一段時間——有時候是很長的時間，例如代代繼承的財富，我們前面說過，這樣的財富占了美國財富總值的一半以上。

---

* 企業擁有者可以同時從自己的企業得到工作所得和投資所得。他們為企業工作而收取的報酬是工作所得，拿到的利潤是投資所得。在小型企業中，兩者的區別可能不明顯——店家老闆或許會認為自己的收入是投資這家店的利潤，但這家店要靠他們在店裡工作才能經營下去。然而，稅法中詳細規定了兩者的區別。

擁有財富，可以說比擁有收入更加有利。財富是儲存價值，可以隨時用於任何目的，不需要每天準時上班依然在你手裡。這裡的討論有一個重點，財富可以為擁有者賺取收入，會隨著時間過去不斷增值，所以一定能創造額外的財富，很少有例外狀況。億萬富翁小艾德加．布朗夫曼（Edgar Bronfman Jr.）評論過這個現象，他說：「把一百塊變成一百十一塊，要努力。把一億元變成一億一千萬，則無可避免。」也就是說，收入較低的人要努力存錢，而存款不多，所以投資選擇受限，而富人的花費總有剩餘，也能選擇經濟中最棒的投資機會。

大多數的投資在過了很長的時間後都會增值，此時，增加的價值並未課稅，要等到擁有者真的賣出投資，將獲利入袋。舉例來說，雖然傑夫．貝佐斯在二〇二〇年因為手上亞馬遜股票的價值增加，財富增加了約有七百五十億美元，但他並未因為那筆獲利而欠稅，要等到賣出才需要付增值的稅款。另一方面，二〇二〇年，美國亞馬遜全職員工的薪水中位數是三七九三〇美元，[5]每一名員工都要按薪資的總額來繳稅。

股票之類的資產最終售出後，對投資人賺得的利潤，美國稅法有特殊的低稅率，叫作「資本增值稅率」。資本增值稅的運作方式是這樣的：有人用十萬美元買了股票（或類似的資產），假設五年後賣出時的價格是十六萬美元，就有六萬美元的「資本增值」。只有在五年後賣出股票時，那筆增益才要繳稅，但有可能在這段期間內股票每年都在增值。最後，六萬美元的收益就需要用資本增值稅率來課稅（十六萬售價中的十萬只是資本回報，當然不需要課稅，因為這只是初始投資的回報）。

這是什麼意思？工作賺來的薪資課稅時適用的稅率一定比投資所得高，而投資所得卻集中在更富有的納稅人身上。華倫・巴菲特（Warren Buffett）的財富估計約有八百億美元，他的所得稅率比他的祕書還低，也曾引起一陣譁然。這是因為他賺的是資本增值，稅率比較低，祕書賺的是工資所得，稅率比較高。

資產除了會隨著時間增值，在未賣出前也會定期付款給擁有者。包括股票的股利、*債券的利息及房地產的租金。這一類收入的稅率也多半低於工作所得。即使資產在賣出前不會提供收入（例如擁有者閒置的房屋，或不付股利的股票），擁有者的投資價值成長仍會帶來效益。這些效益包括：用資產會增加的價值當成擔保，用較低的利率借款；財富增長帶來的財務安全感；有需要時能把增值轉成現金；可以到閒置的住所度假。

為什麼資產增加的價值不需要年年繳稅？因為我們無法得知在這一年中資產的價值增加多少。然而，構成美國總財富大宗的公開交易股票和債券不在此限。股票價格增加可以查得到，一年間的增值也很容易算出來。然而，這裡的增值並沒有課稅。**

---

* 股利是公司分配給擁有者（也就是股東）的利潤。公司可以定期（例如每一季）或適時分配。

** 由於股價下跌而造成損失的時候，股東的獲利會先計入貸方。賣出去的股份損益照這個方式運作；同樣的制度也可適用於未賣出去的股份損益。

不對資產增值課稅還有另一個理由，企業的盈利要付稅給政府，因此給股東的增值已經減掉了這些稅款。在本書寫作時，企業利潤的稅率是二一%。由於稅法很複雜，也有很多漏洞，二〇一八年，美國前五百大企業付的平均稅率實際上是一一．三%，五百大中有九十一家公司一毛錢也沒付。[6]沒有繳稅的公司包括亞馬遜、能源公司雪佛龍（Chevron）、油田服務公司哈里伯頓（Halliburton）及科技公司IBM，它們都是全世界數一數二成功的公司。

問題仍沒有答案：投資人最後收到來自投資的收入時，為什麼美國徵收的稅率比來自工作的收入低那麼多？支持投資收入採用較低稅率的政治人物指出，這樣投資人才有投資的誘因。那麼，如果投資人必須將更高比例的投資增值拿去繳稅，他們會乾脆把存款塞進床墊嗎？如果投資有六%的利潤，利潤要繳的稅升高了，他們會不會選擇不要利潤，就此停止投資？

另一方面，賺來的收入如果課更高的稅率，是否會打消眾人工作的意願，不想投入生產？負責掙錢的人如果有家有小孩，應該不會這麼想。但就年紀較長的勞工、准待業勞工，以及某些團體看來，稅後工資的改變會影響他們的工作意願。要看透為什麼有人支持資本增值採用較低的稅率，根本不需要經濟學的知識。跟很多事情一樣，只需要常識。

很明顯地，富者愈富，一個人擁有的愈多，能累積的也愈多。這些投資所得的稅收優惠，結合了暴增的所得不均及愈來愈多的繼承，導致財富變得前所未有地集中。至於美國現在的財富集中到什麼程度，有很多估計數字，聖路易的聯邦準備銀行估計總財富的七七%屬於前一〇%最富裕的家戶，[7]美國國會預算局（Congressional Budget Office）估算，排在下半的所有家庭所擁有的只占總財富的一%。[8]除非找到方法，讓競爭環境更加公平，這種差異很有可能會讓更多財富（以及權勢）集中在一小群人身上。

托瑪・皮凱提（Thomas Piketty）的大作《二十一世紀資本論》（*Capital in the Twenty-First Century*）就在討論這個現象，這本經濟學著作有八百多頁，還能成為暢銷書，實在罕見。皮凱提說，世界正在回歸到「承襲式資本主義」（patrimonial capitalism）的制度，經濟主要由繼承而來的財富主導。他擔憂這個制度會把我們的社會變成寡頭統治，一小群人對社會的掌握度遠超過民主制度該有的樣子。

另一本由理查・李福斯（Richard Reeves）撰寫的暢銷書《囤夢者：美國中上階級如何讓其他人望塵莫及，為什麼那是個問題，還有我們該怎麼辦》（*Dream Hoarders: How the American Upper Middle Class Is Leaving Everyone Else in the Dust, Why That Is a Problem, and What to Do About It*）告訴我們，跟下一代資產的總額相比，繼承的財富會造成更大的衝擊。財富提供很多童年時期的優勢，尤其是高品質的教育，確定富裕的爸媽能把自己的地位傳給孩子。李福斯認為，這創造出「被操縱的機會市場」、社會流動減少，還有競爭力更弱的經濟。此外，富裕家庭的孩子如果成功了，他們（和社會）或許會把他們的成功歸功於與生俱來的天份和努力，而不是富裕家庭「囤積的」好學校、私人教師、額外的營養和人脈關係。如果大家都低估這些優勢的重要性，就不覺得一定要支持提供此類政策，讓來自各種背景的孩童都能享有優勢。

美國的建國先賢沒有想到這個風險，以民主方式選出的代表會讓一小群人（例如富人）的利益遠遠超過一大群人的利益。先賢們相信選出來的代表如果允許這種情況，人民會投票罷免他們。事實上，他們提出的擔憂幾乎完全相反：也就是在民主制度中，多數人可能會踐踏少數人的權利。他們特別擔憂多數人會投票同意向少數的富人課以重稅，奪走他們的財富。由於這方面的擔憂，他們想出了選舉人團（Electoral College）制度，反而變成了一種負擔。

但我們跟建國大老不一樣，我們都知道金錢如何扭曲了政治過程。即使有人認為選民會根據體悟到的自身利益做出有見識的決定，但金錢萬能，選民也會盲目跟從。最高法院二〇一〇年的聯合公民訴訟案就是一例，此案結果大開防洪閘門，企業的獻金基本上沒有上限，可以用來影響選舉的結果，我們會在第八章詳加討論。政治人物用大量金錢就可以輕鬆操控民眾的方法和理由我就不深究了，這應該是政治學書籍的題目。本書的重點在於我們為什麼能被操控，以及有什麼結果。

財富集中度增加，以及隨附的收入和權勢，通常都不會有好結局。在歷史上，嚴重的貧富不均常帶來血腥的革命（例如法國、中國和俄羅斯的革命）或亡國（例如羅馬的殞落）。偶爾也會流行致命的瘟疫，造成社會重組（例如中世紀歐洲的黑死病）。好消息是，這些結果都有避免的方法。

本書的最後兩章會討論政府的政策，如何達到降低不均的主要目的，同時提升生產力。尤其是最後一章，會討論美國的稅制，以及稅制造成的每況愈下——徵稅如何讓貧富不均更加惡化——以及我們可以做什麼來逆轉走勢。我選擇到書末才討論這個問題，因為等你讀到最後一章，你已經有了背景知識，能評定哪些做法有用。

在下一章，我們會走出美國，瞭望世界，觀察全球對美國人及美國經濟的效應。

第六章

開放經濟：國際貿易的後果是什麼？

政府可以授予人民的好事中，有一項是自由貿易，但幾乎在每個國家都不受歡迎。

——湯瑪斯．麥考利（Thomas B. Macaulay），英國歷史學家及政治家

最初提倡自由貿易的理由是什麼？

自由貿易指能從其他國家購買商品和服務（進口），也可以把商品和服務賣到其他國家（出口）。美國和其他國家的貿易量都不是政府直接決定的結果。美國人做出了數十億個決定，要買外國製的產品，在外國也有數十億人做出決定，要買美國製的東西，才有這樣的結果。

很多美國人覺得買美國製的商品是一項美德。他們相信買國產品可以促進美國的經濟，為美國

人製造工作機會。世界上的商品多半含有在不同國家製造跟組裝的零件，先不論「美國製」的東西是什麼意思，買國產品真的是美德嗎？大眾應不應該放棄較便宜或較好的外國貨，只買美國製的產品呢？

消費者購買外國製造的商品時，會因此獲益。我怎麼知道？如果沒有好處，他們一開始就不會想到要買外國的商品。如果本地的製造商能做出消費者偏好程度勝於外國貨的產品，消費者當然會買國產品。此外，由於本地商品的運送既便宜又快速，很有可能消費者對外國貨的偏好程度只高出一點點。

舉例來說，孟加拉的氣候很適合種芒果，又有充裕的採收勞力，因此歐洲人會從孟加拉買芒果，而不是花大錢跟克服困難，想辦法在歐洲種植跟採收芒果。在孟加拉種芒果、然後運送到歐洲的成本，比在歐洲種芒果便宜多了。我怎麼知道？根據上一段的邏輯：如果在孟加拉種芒果的成本跟在歐洲一樣，大眾寧可在歐洲種植，不會進口。同樣地，歐洲當地有很多航太工程師與高品質的航空基礎建設，所以孟加拉會從歐洲買飛機，而不會花大錢跟克服萬難來自行製造飛機。

孟加拉能以比歐洲低的成本生產芒果，歐洲能比以孟加拉低的成本製造飛機，這叫作「比較利益」（comparative advantage）。比較利益不是指另一個國家無法製造那項產品。也不代表另一個國家完全沒有製造那種商品的能力。意思是跟另一個國家比起來，有比較利益的國家可以用更便宜的方式製造產品，所以跟他們購買比較划算。每個國家都有自己的比較利益，可能來自當地的氣候和自然資源，或只是因為勞力很便宜。美國人可以組裝手機、縫製衣服跟製造電視，但在其他國家，這些工作的成本明顯廉宜很多，中國就是一個例子。因此，美國人向中國人購買這些商品就划算了。

自由貿易的好處太多了——不光是低價的產品，我們還能買到各式各樣的商品及服務，更貼近其他國家和文化——綜觀歷史，可以看到國家的財富與該國對貿易的開放度有緊密的連結。例如，從十三世紀到十五世紀，威尼斯就是全世界最大、最重要的貿易中心，連結西歐及拜占庭帝國和穆斯林世界。即使到了今天，到訪的遊客絡繹不絕，欣賞當地豐富、精彩且有趣的遺跡。同樣地，十七世紀的阿姆斯特丹也是世界上數一數二的貿易中心，這座城市的活力依舊承自當時的「黃金時代」。荷蘭人靠著創造的財富探索世界，在北美洲設立貿易前哨站。那個小小的殖民地善用新興國家的天然海港，成為世界上最大的貿易中心，進而成為有史以來最富裕也最多元化的城市（同時把名字改成「紐約市」）。

雖然富國從國際貿易得到的好處比較亮眼，但窮國的好處也很有意義，多半能落入兩個類別。首先，窮國的人民可以取得他們在國內花再多錢也製造不出來的商品，例如飛機、電腦設備，還有先進的軍備（這一項的好壞就難講了）。第二，很多人因此得到新的工作機會，因為他們出口的東西有便宜的衣物和相對來說做法很簡單的製品，通常都需要大量勞力。這些工作或許薪水不高，但可以為很多勞工提供比以前更好的選擇。

然而，在低度開發的國家裡，他們本來期待能踏出第一步，逐漸改善生活，可是這個機會卻被腰斬了。很多企業，尤其是製造商，提供的工作條件既危險又可悲，汙染環境，雇用孩童，剝奪他們上學的機會，無法提升自己和他們的社群。這些企業利用窮國國民的絕望，剝削他們獲取暴利。

聽起來耳熟？應該的，因為我們已經討論過類似的情況——工業革命的開端。我前面說早期工廠中的生活「有可能是人類所能忍受的最糟狀況，而他們並非應該接受處罰，也不是奴隸。」今日，已開發國家的生活改善了很多，可能有人因此得到安慰，也會假設低度開發國家的勞工總有一天能得到同樣的結果。然而，經濟學家約翰·梅納德·凱因斯（John Maynard Keynes）說過一句名言：「總有一天我們都會死。」

工業革命剛開始時，當時的人是否必須忍耐這些艱難的條件，才能打造出今日已開發國家一般人的現狀——享有豐富的食物、像樣的住屋，以及各種能讓我們過得更好的商品和服務——這點還有待商榷。今日還需要忍耐這些苦難嗎？真的不用。跟工業革命初期相比，這個世界已經變得更富裕，今日的勞工沒有理由要忍耐當時的條件。如果把全世界的GDP（在二〇二〇年約為八十四兆七千億美元[1]）平均分配給全世界的所有人（約有七十八億人[2]），一家四口的結果是四三四二六美元——按這個參考基準，世界上應該沒有窮人。

從實際面來看，提供合乎人性且安全的工作條件會增加成本，但不會讓進口產品的成本提高太多。如果產品從國外進口比在國內製造合理，工作條件的些許改善不太可能大大改變上述結論。富裕的國家可以堅持所有的企業都要做到幾項基本的最低標準、放棄童工，並提供符合人性的工作條件。

如果某國一直無法施行這些規則，其他國家可以對其徵收罰款，如果情況很嚴重，可以威脅中斷貿易，迫使該國採取行動。如此一來，發展中國家除了有動機去採納一些基本的標準（至今為止，各國的動機有高有低），還會確實執行（今日願意做到的國家依然不多）。

各國人民有可能透過自由貿易大幅擴展自家商品和服務的市場，也藉此為自己和家人構築更好的生活。對於虐待勞工、破壞環境和剝削童工的企業，我們不應該給他們機會去剝奪全世界最無助的人。這些勞工要過得更好，不應該再等兩百多年（從工業革命開始，到西方社會確立了強健的中產階級，大約花了兩百多年）。

花在進口貨品上的錢怎麼了？

本書有一個很重要的主題——如果你願意細心觀察世界，活用常識，應該就能看清楚基礎的經濟學原則。全球經濟也是這樣。前面討論過，美國貨幣（美元）及世界上幾乎所有國家的貨幣都是法定貨幣——政府憑空創造的錢。一張一元美鈔的製造成本大約是六．二美分，面額較高的鈔票製造成本則介於十．八到十四美分（因為這些紙鈔上有更多防偽特徵）。[3]

如果我們全都選擇一年只工作幾個小時、印製每張只要幾美分的綠色鈔票，然後用它們去交換價值高出很多很多的商品和服務，有問題嗎？進口貨品一定是免費的午餐？你想到，為了這個目的而印製新鈔，會帶來通貨膨脹。儘管如此，你也知道，如果新貨幣能帶來新的商品和服務——進口貨品當然會為我們的經濟帶來新商品及服務，而且數量等同於新貨幣的數量——價格就不受影響。

因此，我們可以為了從國外購買必需品或想要的東西來印製貨幣嗎？

想想看，外國人賣給美國人法國的葡萄酒、瑞士的手錶或中國林林總總的商品，那筆錢到他們手中之後會發生什麼事？答案很明顯吧。他們會用這些美元跟美國人買東西。或許會持有一段時間，然後用這些錢跟美國人買東西。他們可能會去銀行或匯兌所換匯，這些美元就暫且留在那裡，直到另一名需要用美元向美國人買東西的顧客去換匯。或許這些錢會在國外換手很多次，最後還是到了某人手裡，因為他要跟美國人買東西。這些情境有什麼共通點？在美國境外花出去的美元，最後都會再回到美國境內。

現在拿去買法國葡萄酒的錢可能要等一陣子才會回來，但幾年前拿去買了法國葡萄酒的美元卻在此刻回來。美國人每天都會花一些美元買進口貨品，外國人也會送回一些美元購買美國出口的商品。如果外國人手中的一美元買不到在美國價值一美元的商品和服務，他們一開始也不會想把東西賣給美國人來賺取美元。

在美國境外，有多少美元？我們知道流通中的美元有大約兩兆兩千一百億美元，[4]但我們不知道其中有多少錢在美國境外。貨幣只是紙張——沒有嵌入任何追蹤裝置。然而，研究這個問題的分析師估計，美國的貨幣約有六〇%到七〇%不在美國。[5]怎麼會這麼多？美元是世人眼中非常安全的流動資產，意思是全世界的人都認同和接受美元的價值。

因此，對很多人和機構來說，美元是很誘人的儲存價值，尤其是在局勢多變的國家。

顯然有一些美元離開了美國，用來支付進口貨品的費用，還沒透過交易過程回到美國。這其實代表美國人獲利了。美國人把憑空創造的貨幣換成有真實價值的東西。進口超過出口的時候，也就是我們從國外取得的商品及服務，超出外國人跟我們購買的商品及服務。這有什麼壞處呢？為什麼有那麼多人抱怨「貿易逆差」？

要找出「貿易逆差」造成什麼問題，第一步是要了解這個術語的意義。很簡單，意思是美國進口所有商品及服務的售價，超過美國出口所有商品及服務的售價。二〇二〇年，美國從國外進口兩兆七千七百億美元的商品及服務，出口兩兆一千兩百億的商品及服務。[6]該年因此出現了六千五百億美元的「貿易逆差」。美國幾乎每年都有貿易逆差，不過二〇二〇年的數字高於平均。

此刻，讀者可能納悶了，怎麼每年都有這麼大幅度的貿易逆差？我們剛討論過，美國人花在國外的錢多半都會重新花到美國，不是嗎？因為，貿易逆差只涵蓋花在「商品及服務」上的支出。資產和投資的支出並未包含在內，例如購買美國企業發行的股票或債券、借給美國人的貸款、購買美國政府債券，以及購置美國的房地產。把這些資產購買和投資都算在內，離開美國的錢基本上跟回到美國的錢差不多。*美國進口的商品及服務或許比出口的多，但出口的資產和投資卻超出進口。購買商品、服務、資產或投資的美元如果未回到美國，反而留在國外，變成金融機構、企業或（為

* 如果把留在國外、相對來說量不大的美元也算在內，再做一些細微的技術調整，美國人花在進口貨品及國外投資的支出差不多等於外國人花在美國的出口物及在美國的投資。

數還不少的）腐敗官員的儲備金，就代表美國經濟的單次增值。美國人用憑空創造的貨幣換成真正的商品及服務。聯準會可以單純地增加貨幣供給，補償永久離開美國經濟的美元。

遺失在外國金庫裡的美元可以用新美元取代，不需要擔心通貨膨脹，因為在經濟中實際流通的貨幣量不會增加。更換留在國外的美元不會導致通貨膨脹，而政府會定期用新印製的紙鈔取代磨損的鈔票，也不會導致通貨膨脹，理由是一樣的。新印製的美元只會取代流失的美元——一種情況是政府會切碎舊紙鈔，另一種情況則是這些錢塞在某個獨裁者家中的金庫裡。到第十一章，我們會討論聯準會可以按需要調高和調低美元的數目。

因此，如果美國花在國外的美元幾乎都用在美國境內重新花掉，留在國外的美元代表給美國的增值，那為什麼有人要擔心貿易逆差，還反對對外貿易？正如批評自由貿易的人所說的，誰會被「剝削」，又怎麼被剝削？批評家總說工作沒了，勞工受到傷害。真的是這樣嗎？

貿易與工作

貿易是否會對勞工造成傷害，這個問題的答案就看你的身分了。如果你住在美國，是低技術的勞工，答案絕對是肯定的。自由貿易是個大問題。目前美國的最低工資是一小時七．二五美元，即使這麼低，美國工廠的工人要跟孟加拉、越南或中國工人相比，競爭力依然很低，因為這些國家工廠工人的平均時薪比美國低很多。以印度為例，該國絕對沒有勞工短缺的問題，低階工廠工作的平均時薪一小時還不到一美元。[7]此外，正如前面討論過的，即使有很多低技術工作（例如家務、清潔和遞送）無法移到國外，很多工作還是極有可能增加競爭，讓那些留在美國的工作薪資降低。因此，國際貿易「搞死了」低技術的美國勞工（大多數的經濟學書籍應該不會用這種說法）。

另一方面，對大多數人來說，國際貿易帶來重大的利益。我們可能發覺自己買了價格更便宜的東西，但我們不太可能會想到貿易為很多人帶來的結果，也就是更高的收入及工作機會。在美國境外的軟體銷售增加後，微軟因此雇用了多少新員工？許多國際學生到美國讀書，那麼美國大學因此增加了幾位新教授？投資集團高盛（Goldman Sachs）開始在全球提供投資產品後，多了多少員工？本書可以賣到國外後，多賣了幾本？（最後一個例子可能不是很好的示例。）

工作被移給另一個國家勞工的人會明顯感受到自己的損失及背後的理由。失業或低度就業或許會引起怨恨或憤怒。媒體常拿他們的困境做文章，也是幾本暢銷書的主題。他們自殺、酗酒跟嗑藥，死亡率上升，也吸引眾人的關注，甚至有了新名詞：絕望之死（deaths of despair）。

我想讀者也猜到了，自由貿易不僅讓個人層面上贏家通吃的趨勢愈發惡化，還將這種趨勢擴展到整個社群。西雅圖和舊金山等地變得愈來愈富裕，就是要歸功於自由貿易。另一方面，底特律和克里夫蘭等仰賴製造業的地方則遭到重擊。在這種趨勢中，成為落敗的一方感覺很慘，但我們也討論過，贏家通吃現象裡的贏家卻不像表面上如此風光。在美國，最富裕的城市要對抗負擔不起的房價、無家可歸的問題，以及愈來愈沒有生氣的街道，擁有數棟房屋的居民搶了當地的住房，但不住在那裡。問題不光屬於這些人和這些社群，而是美國人共同的問題，因為美國做不到美國人的期待。

獲利的人比較多，有人獲利豐厚（像是工程師或藝人），有人獲利不明顯（像是我），但這群人卻沒有那麼深刻地察覺到，因為他們製造的東西會賣到國外，所以旁人對他們的工作有更高的需求。他們通常認定自己的成功來自自身的技術和努力。他們應該也發覺到，外國市場約占全世界支出的七五％，如果美國人不能對國外販售商品，他們可能就賺不了這麼多錢。8

那麼，美國商品及服務的自由貿易最終成果如何？首先，美國失去了低技術的工作，因為國外的便宜勞力非常充裕，美國進口很多製造成本低廉的產品。其次，美國得到高技術的工作，因為美國有豐富的先進技術的專業知識，能出口需要高度知識的高價值產品。

然而，我們無法確切算出美國人失去多少工作，又獲得多少利益。例如，即使能估算出國外銷售讓微軟增加的職位數目，但我們無法估計微軟多雇用這些員工的支出又創造多少工作（餐廳、私立學校、零售店和其他數也數不清的場所）。還有更難的，微軟員工會去光顧這些餐廳、私立學校和零售店，但我們無法估算它們雇員增加的開銷所帶來的額外支出（以及創造的工作機會）。出口產生的這些新工作和收入創造出好幾輪的新工作和支出，這是經濟學家口中的「乘數」效果。同時，因為進口而失去工作的勞工則減少支出，則帶來負乘數效果。這些勞工的支出減少，他們縮減的支出也對經濟造成連鎖反應。

很多政治人物及勞工聯盟假設國際貿易毀掉的低收入工作，超過所生產的高收入工作，所以美國的工作出現淨損失。為什麼？因為美國進口的商品和服務超過出口，銷售投資和資產創造的工作少之又少。更有甚者，美國進口的東西會牽連到比較多勞工（也就是說比較勞力密集），超出美國出口貨品涉及的勞力。然而，近期有些研究指出，由於乘數效果，貿易不會導致工作的淨損失。9尤其是高薪工作的數目增加後，帶來支出的增加，服務性質的工作也變多了。

基本上，自由貿易讓美國人能取得更便宜、更多樣的產品，美國人得到一些高技術、高薪的工作，損失一些低技術的低薪工作。所以，自由貿易很棒，除非你的技術或所在社群的關鍵產業因為自由貿易而遭到淘汰。

對失業的反應

由於自由貿易具備如此明顯的實際利益，提升國家之間的互動與合作，問題應該不是要不要放棄自由貿易，而是怎麼更公平分配自由貿易的利益。有一個辦法顯而易見，占多數的自由貿易贏家（在全球經濟中蓬勃發展的人）可以補償占少數的自由貿易輸家（因為外國競爭而失去工作，且缺乏技術找到新工作的人）。那麼，每個人都可以得益。

尤其是政府可以提供免費的技術或高等教育、新工作的訓練方案、改善失業福利、提早退休的選項，或為被排擠的勞工提供政府工作，只要在開放經濟中發展順利的那一大群人多付一點點稅，就可以支付。可以做得到，但美國政府還沒動手。相反地，有愈來愈多美國人對於「搶走工作」的外國人充滿怨恨，政治人物卻袖手旁觀，或利用這股怒氣來圖利自己的政治生涯。同時，很多獲益於國際貿易的美國人卻很少想到自己得到什麼好處、到底有多好，以及是怎麼來的。如果不把話說滿，這種情況算不上很好的公共政策，或能幫助最棒的候選人當選。

關於自由貿易對工作的影響，有一項政策回應是調整關稅。關稅是政府針對進口貨品徵收的稅款（可能每項進口貨品都要付定額的稅款，或按進口貨品的價格徵收一個百分比，跟銷售稅一樣）。雖然有些支持關稅的人有其他的主張，但進口貨品的外國製造商不負責支付關稅。位於國外的外國公司不支付美國的稅款，也不由美國稅法的裁判權來管轄。位於美國的進口商把進口貨品帶入美國的時候，要支付欠美國政府的關稅。進口商是中間人，支付進口貨品的費用，然後向美國的零售商收取商品成本、相關的支出（包括關稅），以及為自己的工作收取利潤差額，零售商再把商品賣給消費者。結果是，消費者不得不支付關稅，而不是外國的公司。

由於關稅讓進口商品變得更貴，美國境內替代商品的生產者就有了優勢。例如，如果我覺得法國葡萄酒比類似的加州葡萄酒好喝，兩者都是一瓶二十美元，那我會買法國葡萄酒。如果政府對法國葡萄酒徵收三〇%的關稅，法國葡萄酒的成本對消費者來說還要加上關稅，也就是二十六美元。那麼，我可能就會改買二十美元的加州葡萄酒。聽起來對加州的酒廠和他們的員工有利，但消費者就可憐了。他們必須付更多錢買自己喜歡的法國葡萄酒，或只花二十美元買比較不喜歡的加州葡萄酒。對波音公司（Boeing）、網飛（Netflix）、微軟、紐約大學跟很多美國公司跟他們的員工來說，也不是好事，他們的收入來自外國人的支出。別忘了，如果外國人不能靠賣東西給美國人來賺取美元，他們就不能用美元向美國人買東西。

徵收關稅的商品愈多，關稅愈高的話（例如在「關稅戰爭」中，各國爭相提高關稅來彼此報復），消費者的損失就增加了。此外，由於進口商品因為關稅而提高價格（前面說法國葡萄酒從二十美元變成二十六美元），國內的生產者就沒有那麼大的壓力，不覺得他們需要壓低價格跟提高品質才能跟外國生產者競爭。那麼加州的酒廠或許可以把售價提高幾塊錢，或不需要那麼在意品質，也不會丟掉生意。因此，我必須付比較多的錢來買自己比較不愛的酒，或乾脆決定少買一些東西——對我或美國來說，都不是好結果。

關稅對生產者也有不好的作用。消費者喜愛程度較低的國產品生產者（例如上例中的加州酒廠）得到報酬，而美國人善於製造、向來是全球眾人想要購買的產品生產者則受到傷害。美國人縮減進口的話，流動到國外的美元變少，他們可能想買美國生產、具有國際競爭力的商品和服務，例如飛機、高製作預算的電影、音樂及金融服務。這不是提升美國企業競爭力的處方，因此對美國經濟的健康也沒有幫助。

還記得嗎？美國前總統川普曾說過：「貿易戰是好事，而且很容易打贏。」然而，跟大多數的戰爭一樣，會引發很多壞事。或許不像真實的戰爭會損傷人命，但會輸掉美國消費者的價值、美國最具競爭力企業的機會，以及美國高技術員工的工作。穆迪分析（Moody's Analytics）估計，在川普總統任內升高的關稅讓美國的GDP減少了大約六百五十億美元，也因此損失三十萬份工作。[10]

碰到問題的時候，「戰爭」向來就是耗費最高、最沒有建設性的回應。如果中國或其他貿易夥伴偷走了美國的智慧財產或違反國際貿易的規定，為此目的成立的世界貿易組織（WTO）可以裁決中美的爭議。美國促成了WTO的成立，中國及世界上大多數的國家都是成員。如果WTO施行的補救辦法不恰當，答案不該是放棄，而是進行改善，好讓WTO達成任務，確保各國遵守貿易協議，提倡自由公平的貿易。老派的外交手段及貿易夥伴配合施加的壓力，也有助於處理這種情況。與貿易夥伴起了紛爭，不論是熱戰、冷戰，還是貿易戰，都應該是迫不得已的手段，而不是立即的措施。

再回到美國的經濟，來討論美國企業的組織、擁有權及價值，這些企業就是負責生產商品及服務的個體。我們也會討論企業的驅動力、背後的影響力，及贏家通吃現象造成的影響。

第三篇

企業

UNDERSTANDABLE ECONOMICS

BUSINESS

第七章

民營企業及股市：企業的組織、擁有權及價值

如果股市專家真的是專家，他們應該去買股票，而不是賣建議。

——諾爾曼．奧古斯丁（Norman Ralph Augustine），洛克希德馬丁公司（Lockheed Martin）董事長及執行長

企業是什麼？

從世界上有人類開始，就有商業。專精打獵和採集的人跟專精縫合獸皮的人交易，分工及專業化讓雙方都過得更好。隨著時間過去，交易和商業活動不斷擴展，變得更複雜，代價更高昂，尤其是十五世紀許多人開始探索世界的時候。他們組成遠征隊，準備好裝備後開始探索世界，把在國外

找到的商品及資源帶回來，要花很多錢。成本加上極高的風險，一個人或一小群人即使有心也無力推動這樣的計畫。因此，企業就成形了。

企業是一個按法律成立的組織，目的在於做生意及生產商品及服務。＊即使企業不是真人，實際上企業仍被視為獨立的實體。特別要提一下，企業與擁有者是分開的，不是一體，擁有者也叫作股東。

要了解企業的擁有權，你可以想像一塊餅，分成均勻的很多塊。對企業來說，這些切片就是股份。如果企業發行了一百股（也就是股東擁有一百股），＊＊一名股東有一股的話，他擁有這家企業的一％。因為所有的股份都有同樣的價值，公司的總值就是股價乘以發行的股份。在本書寫作時，全世界價值最高的公司是蘋果電腦公司（Apple Inc），就用蘋果電腦當例子吧。這家公司的所有權分成大約一百六十四億股，每一股的價格約為一百七十一美元，因此總值是兩兆八千多億美元。

遇到重大的商業決定，例如要不要跟另一家公司合併，要不要把公司搬到海外，以及要不要解

＊　為提供各種公共利益，美國也出現非營利的企業。本章的討論範圍主要是營利企業。

＊＊　企業通常會擁有一些自家的股票。這些「庫藏股」通常不發給所有權權益，也沒有權利收取股利或投票。以實用性而言，這些股票彷彿不存在。

散公司，股東每持有一股，就可以投一票。企業也會不時決定把利潤分配給股東（定期或一次宣告股利），而不是把利潤留在公司裡，股東按著自己擁有的股份分到等比例的股利。

企業、有限責任及公平

不成立企業的話，你也可以做生意及生產商品和服務。或者可以跟別人合作，叫作合夥。那麼，為什麼幾乎每家大公司都是企業？有一個很重要的理由，企業的擁有者只要擔負有限責任。

在美國，向州政府繳交成立表格，付兩百美元，生意就可以變成企業，擁有者（現在叫作「股東」）不需要擔負個人的責任，或承擔企業造成的傷害。所以，如果你跟業務夥伴擁有一艘油輪，支溢出一千零八十萬加侖的原油，汙染了一千三百多英里長的原始海岸線，你們要負個人的責任，支付數十億美元的清理費用。如果你跟你的股東透過企業共同擁有這艘注定造成悲劇的油輪（名叫「艾克森瓦德茲號」（Exxon Valdez）），你們個人不負責清理費用的任何一毛錢。組成公司便提供保護免責，因此連最小型的生意（例如清理家居或幫忙割草的一人公司）都會組成企業。

企業的有限責任只保護股東的個人資產，不涵蓋企業本身的資產。企業本身擁有的金錢和財產仍可以用來處理企業造成的傷害或責任。大量的企業資產用於賠償造成的傷害時，公司的股價當然會受到打擊。股票的價值可以降到零，就像二〇〇一年，安隆（Enron）能源公司作偽的帳目被揭露，公司倒閉，股東發現自己的股票一文不值。安隆如此大規模的詐欺及類似的行為會大幅降低公司股價，或讓股票失去價值，通常股東跟一般人一樣，等消息揭露了才知道。但股價不可能變成負值，也就是說股東的損失不會超過購買股票的成本。

對受到企業傷害的人來說，限制企業股東的責任似乎不太公平。然而，如果沒有企業，我們的生活可能就像中世紀村莊裡的農夫，飽一頓餓一頓。有限責任給投資人動機，將金錢投入有可能改變世界的高風險大型企業——投資人或許資本極小，思維不周密，也有可能資本雄厚，見多識廣。

組成公司後，負有無限個人責任的擁有者就變成有限責任的股東，企業就可以募集大量的資本，打造高效率的裝配線、開發新藥物、建造供電所需的巨大發電廠，以及構築基礎建設，製造出網際網路和智慧型手機。大型必需品公司的老闆如果擔心公司碰到意外或發生問題，然後要面對無限的索償，就不會去募集他們需要的數十億美元。

要股東為公司的行動負起個人的責任，也讓人覺得不公平。很多企業是複雜的大型組織。股東池（shareholder pool）通常既闊又淺，人數眾多，但在這幾千幾萬名股東中，並不是每個人都有足夠的興趣或能力來主動影響業務。

因此，每家企業都要成立董事會，替股東監督公司。股東可以投票選出董事，但董事會只會拉開股東和公司的距離。董事會選出公司的執行長（CEO），委任他們管理公司的日常事務。執行長會選出其他的經理跟長官（例如總裁、財務長和法務長）。簡言之，經理向執行長彙報，執行長向董事彙報，董事由股東選出，因此大企業的股東及為企業做決定的人之間有相當大的距離。

這段距離意味著大多數的股東不太可能察覺到公司面對的問題和採取的行動（如果你有某家公

司的股票，你知道他們每天在做什麼？碰到什麼問題嗎？考慮到共同基金受歡迎的程度，你手上到底有幾家公司的股票，你知道嗎？）因此，從十五世紀以來，企業開始出現後，股東與公司行動的個人責任就隔絕開來。

到目前為止，我們只提到有限責任對股東的影響。那麼，有限責任對遭到傷害的人有什麼影響？更明確地說，把公司傷害對象所能得到的賠償金額限制在公司恰好擁有的資產內，公平嗎？有一個人在麥當勞被咖啡燙傷，為什麼他拿到的賠償高過在地方咖啡小店燙傷的人？只因為兩者都成立了企業？無論好壞，法律應該要平等對待所有人，而不是根據他們的資產。擁有小咖啡店一股的人跟擁有麥當勞一股的百萬富翁一樣受到保護，不需要透過個人來賠償店內的傷害事件。也就是說，即使小企業的股東比較熟稔店內的業務，但跟大企業股東享有同樣的保護，而後者說不定根本沒發現自己的股東身分。

因此，如果股東與責任隔絕，企業本身的資產將罄，還有其他財源來賠償企業行為的受害者嗎？在理想世界裡，答案應該是肯定的。如果每天都在做業務決策的企業經理人行事時不考慮到公眾的安全，可能就應該自己掏腰包。對於他們造成的傷害，他們應該支付一些費用，不要等壞消息傳到股東耳朵裡才行動。

然而，事實並非如此。企業造成的傷害會用企業的資產支付。所以賠償金只會從股東的投資裡拿出來。企業員工若有犯罪行為，很有可能要為他們引起的傷害負擔個人的責任，但這種情況並不常見。舉例來說，放貸業的種種詐欺及財務濫用最後促成了二〇〇八年的經濟大衰退（Great

Recession），但放貸業經理人的個人責任微乎其微。相反地，他們不誠實的行為導致美國制定各種新規定。要遵守新規定，誰來支付成本？主要是股東，因為成本增加後，利潤會降低。就某種程度而言，企業會抬高產品價格來反映成本，消費者也付了錢。而大多數造成問題的經理人一開始就脫身了。

企業的每一項行為不論是否合法，都是該公司雇用的真人做出的事情。用高額罰金或禁閉來威脅從事非法行為的人，讓企業員工注重誠信，效果似乎優於制定新法來管制企業和提高股東要付出的成本（最後還可能轉嫁到顧客身上）。檢察官與其起訴企業，希望要為非法行為負責的經理人會感受到效果，不如直接起訴經理人。

我曾在一家大型金融公司擔任法務長，可以證實大家都知道的事——利益看似豐厚、不利之處看似細微的時候，每個人的犯罪意願都會提高。想想看那些在貸款申請書上幫忙偽造資訊的經理人，他們讓更多人有資格借貸，自己賺到更多的手續費——要是最後得在牢裡蹲一段時間，而不光是得到雇主的小懲戒，他們或許會採取不同的行動。企業經理人在處理公司事務時，跟處理私人生活相比，降低了行事標準的話就是找麻煩。

還好，我們每個人都有辦法去影響和改變企業的行為，下一章會討論怎麼做。但我們要先討論怎麼決定企業的股價，這也是很多人注目的焦點。

企業和股市

大型企業大多「公開」發行，指民眾可以在證券交易所（例如紐約證券交易所）買賣他們的股票。因此，你跟我都可以跟馬克．祖克伯一起當臉書的擁有者，不過我們的擁有權百分比一定比他的小很多。公司要上市的話，必須先滿足證券交易委員會（美國聯邦政府的代理機構）的要求，相當困難，並公開發布大量的詳細資訊，說明公司的產品、營運及前景。

大多數小公司以及像彭博資訊（Bloomberg L.P.）和科氏工業集團（Koch Industries）的大公司會選擇不上市，這些公司的股份稱為「私人」持有。意思是民眾無法成為擁有者，除非公司現有的股東同意透過私人交易賣出股份。也意味著公司不需要像公開上市公司那樣必須揭露所有行為的詳細資訊。

誰控制企業？如果你擁有的股份超過已發行股份的五〇%，你就能控制這家企業。在股東投票時，你一定會贏。你可以提名新的董事（包括你自己在內），他們會雇用新的執行長（可以是你），來改變公司的方向。如果企業很大，有數千名股東，其中許多人都不注意發生了什麼事，也不來投票，你的股份就算少於五〇%，你還是能得到控制權。例如，亞馬遜發行了將近五億美元的股份，傑夫．貝佐斯擁有其中的一一．一%，*就足以控制這家公司（亞馬遜排名第二的個人股東擁有〇．〇二%股份，最大的機構投資人是一家證券經紀商，擁有亞馬遜七．一%的股票）。

如何決定股價？

決定企業股價的方式跟大多數東西的定價方法一樣：供需。買進企業一股的人基本上就得到企業的一股跟這一股未來的利潤。所以，如果公司的前景看好，買方的數目會超過賣方，公司的股價也會升高；反之，賣方比買方多的時候，股價會下跌。

約翰．梅納德．凱因斯曾把這個過程比喻為他那個時代（二十世紀初期）的選美比賽，報社找人從一排照片裡挑出最有吸引力的六位，選項符合最終投票結果的人可以領獎。歪曲了結果？眾人的選擇決定了吸引人的程度，而不是正式的準則。因此，不需要去在意就客觀而言誰最有吸引力。重點在於，誰才是每位參賽者心中認為其他參賽者覺得最具吸引力的人。股市也一樣——投資人買進他們覺得別的投資人會買的股票。凱因斯做了結論：「成功的投資就是預料到別人心中的預期。」

儘管很多投資顧問大放厥詞，但沒有客觀的公式能辨別出最有希望的股票，就像凱因斯提到的選美比賽，也沒有客觀的公式可以預測結果。要是有的話，正如本章開頭的引言，這些投資顧問自己就忙著賺大錢，而不是花時間向你推銷他們的想法。

商業專家也想到一個理論來解釋市場如何得出股價：效率市場假說（the efficient markets

＊ 有些股票可能在傑夫・貝佐斯直系親屬的手裡。

hypothesis）。這個假說陳述，每家公司的股價結合了每個人對該公司未來價值的想法。比方說，如果兩家公司的經常性收益差不多，但大多數人覺得其中一家公司的前途比較好，那家公司的股價就應該比較高，高出的差距等於兩者未來價值的差別。

你可以走進任何一家投資銀行，找到支持這個假說的人，那裡有最聰明、最努力、剛從大學和商學院畢業的新鮮人，擔任「分析師」，一整天（和晚上，和週末）都在鑽研公司的申報訊息、市場資料、經濟指標、新聞報導、投資人聊天室和無數其他的資源。他們在找什麼？股價與他們認定的價值（根據他們讀到和聽到的資訊）只有微小差距的公司。找到偏差，他們的公司（和他們）就有機會賺錢。如果這些分析師結論說股價太低，他們會買進股票，期待價格終究會提高到內心預期的數字。如果他們覺得股價太高，會選擇賣出（或「做空」股票，也就是賭股價會下跌）。投資銀行跟其他私人投資者這項活動的淨影響應該會把股價推到大家都認同的公平價值。

這個過程正是「效率市場」一詞的源頭——股價應該快速有效地融入該公司所有的公開資訊。我說「應該」，因為在大多數情況下，真實世界的情景比理論混亂多了。投資人（有時候可能表裡不一）是人類，不是機器——常常衝動行事，情緒激昂，甚至不夠理性。因此，在網際網路剛開始的那段歡樂時光，「網路公司」的股票暴漲（最後暴跌），還有「迷因」股票大漲，也源自於病毒般散發的著魔想法，而不是因為前景看好。

即使投資人客觀且詳盡地評估某家公司的資訊，他們得出的計價仍有可能扭曲得很厲害，因為公開資訊可能不完整，還有很多不正確的地方。此外，所能得到的資訊也可能經過操作，操作的人或許有心宣傳這家公司（例如該公司的管理階層），或許有心貶低他們（有可能是確信公司股價會下跌的投資人）。然而，為了影響股價而流傳某家公司虛假或誤導的資訊是違法行為。另一方面，流傳關於某家公司及其前景的負面意見卻不違法。兩者之間的界限不一定清楚，除非很明確，不然政府也不會隨便起訴假消息的源頭。

假設有人確實知道某家公司的準確資訊，而這項資訊尚未公開，比方說製藥公司正準備推出一定會大賣的新藥，這些人就可以賺很多錢。他們可以買公司的股票，等宣布好消息後，看著股價飆漲。或者，他們知道公司要宣布壞消息，可以提前賣出股票。後者的例子是瑪莎·史都華（Martha Stewart）賣出手上的ImClone生物製藥公司股票，然後這家公司宣布美國政府不核准他們的新癌症藥物。瑪莎·史都華學到了教訓，根據「內線交易」（也就是指一般大眾還不知道的關鍵資訊）的股票買賣違法，可以把人送進監牢。

我們要了解，市場上很多買方和賣方想引導企業股票（或其他資產）的價格能夠反映眾人共識中的價值，雖然共識不一定完美。有些人可能覺得他們能智取市場，找到市場弄錯價格的地方，在市場修正時便能獲利。像華倫·巴菲特這樣勤奮且精明的投資人，操作無往不利。但這一類的人是特例。要靠智力勝過那麼多謹慎評估股價的分析師跟投資人，成功的機率很低。

買回庫藏股有什麼效應？

在本書寫作之時，美國上市公司所有股票的總值大約是四十九兆美元。[1]你可能沒想到，高盛公司指出，大多數大型公司股票的最大買方不是個人、共同基金或退休基金，而是公司本身。[2]過去幾年來，大型公司花了數兆美元從公開市場買回自己的股票。為什麼？

理論上，公司決定手上有不需要用在業務上的現金（通常來自公司的利潤），就應該還給公司的擁有者（也就是股東），他們就會買回自己的股票。買回庫藏股為什麼對股東有利？

你可以回想企業與大餅的比喻，了解其中的道理。企業買回已發行的股份時，這些股份從市場上消失，再也不代表擁有權。因此，切分企業所有權的股份變少了。把一塊餅切成比較少的片數，單片的面積就變大了，把企業分成比較少的股份，股價就會提高。企業的利潤分給數目比較少的股份，每股的利潤就變大。每股的利潤增加後，股價就會上升。

跟股利一樣，買回庫藏股會把現金從公司轉給擁有者。公司從想賣股票的人手上買回股份，只是把現金轉到對這家公司失去興趣的股東手裡。他們放掉了自己的所有權權益，所以他們的權益就分割給剩餘的股東。

決定用企業資金買回股票的經理人個人也有不少的股份，所以買回庫藏股會增加他們的財富，通常增加的幅度還不小。花企業的錢買回股票，是審慎的業務決策，還是不誠實的股價操弄？

許多國會議員、金融評論家及工會都批評過買回庫藏股的做法。他們相信，如果公司決定不需要把現金用於營運，可以留著，不需要拿來買自己的股票，或許就能用這筆錢推動更公平的經濟。企業可以用現金來增加薪資、創造工作、改善工作條件，或提供資金給企業的社會責任方案。然而，如果管理階層對這些事有興趣，或覺得這些事對公司有意義的話，早就做到了。停止買回庫藏股，能強迫他們思索新的做法嗎？

如果按照某些議員的提議，限制或禁止買回庫藏股，公司不如透過股利把錢還給股東。股利等於直接把現金放進股東的口袋裡，而買回庫藏股只是增加現存股份的價值。從公司的觀點看來半斤八兩——兩個做法都可以把現金從公司手裡轉到股東身上。從股東的觀點而言，要從公司拿到現金的話，股利並不是那麼有吸引力。股利要繳稅（不過你應該猜到了，稅率低於所得稅），未賣出股份的增值則不需要繳稅。

你可能想問：為什麼政府不乾脆限制股利，也限制買回庫藏股？因為政府必須給某個方法，讓股東從公司拿到錢。不然，投資人從一開始就不想把資金投進這些公司。誰要投資給需要資金來創辦的新公司？或是已經成立卻需要資金來擴展或創新的公司？錢只會進去，不會出來。如果政府沒有全然限制現金送回股東手裡的過程，只是加以延遲，結果就是美國的經濟會裝滿了現金，並不是大家想要的結果。

這些現金還沒回到股東手裡前，是什麼狀態？由於企業經理人的目標就是增加利潤，他們很有可能拿去投資，好用這筆錢來賺錢（買其他公司的股票、債券等金融商品）。如此一來，等他們能把現金還給股東時，錢已經變多了。

在美國，貧富不均非常嚴重，要想辦法解決。但強迫公司把不需要的現金拿去投資，而不是還給擁有者去投資或花用，根本無濟於事。在促進生產力的同時，也要努力提升公正，必須把我們的努力集中在有效的方法上，讓競爭環境更加公平，而不是只關注象徵性的問題。我們可以先把焦點放在企業行為的驅動力上，以及可以用什麼方法影響企業，這是下一章的主題。

第八章

企業行為：企業的驅動力是什麼？如何才能影響企業？

企業只有一項社會責任：使用資源及從事能提高利潤的活動，同時遵守遊戲規則。

——米爾頓．傅利曼（Milton Friedman），經濟學家，諾貝爾獎得主

企業的目標是什麼？

《企業財務原理》（*Fundamentals of Corporate Finance*）[1] 這本常出現在大學教科書單上的暢銷金融書裡說：「企業財務管理的目標在於儘量放大現股每股的現值。」＊隨便找關於企業財務的現

＊ 組織成合夥公司的企業焦點會放在夥伴利益的價值上。

代論著，基本上都能找到同樣的陳述。

平心而論，那個目標確實結合了各式各樣的誘因，其他的目標基本上都做不到。如果企業的目標在於放大當前的利潤，那麼不如資遣大量的員工，不去照管公司的資產，就可以膨脹當前的利潤，但就長期而言，這家公司也會滅絕。如果目標是要放大銷售額，公司可能會從事沒有利潤的業務，危害長期的財務健康。如果目標是提供或挽救當地的工作，薪資要比外地的工作高，跟不考慮利他的對手相比，公司要存活就更難了。如果目標是提供顯著的社會效益，公司可以採用執行長喜歡的宗教或意識形態企圖，一般人可能望之卻步。

目標是儘量放大股東價值時，就結合了林林總總的目標，因為就像前面討論過的，公司的股價反映市場期待這家公司長期下來的成功程度。我們也知道，成功要依靠各式各樣的因素。如果企業欺詐顧客，後續的訴訟、惡名和流失的業務就會打擊股價。如果公司審慎地投資開發很棒的新產品，或幫助勞工提供生產力，獲利能力提高後，股價也應該會升高。

以上都是合理的理論，但你或許還有疑問，增加股東價值真的是企業唯一的目標嗎？尤其是，如果企業造成汙染、報酬低於基本生活工資、把工作轉到海外，或製造不安全的產品，卻能逍遙法外，可以為了增加獲利能力去做這些事嗎？如果這些問題導致企業放棄唯一的目標，也就是增加股東價值，新的目標應該是什麼？誰來決定該有哪些目標？怎麼評估目標的重要性？怎麼監督目標是否達成？應該如何強制執行？

企業每天都會做出無數的決策、決策背後的理由，以及可能帶來的效應，都難以管理，導致我們今天走到這一步，只能以股價作為指路明燈。然而，企業常常只是紙上談兵，說要支持社會公益，確實也有一筆相對來說不高的預算，用於「企業社會責任」方案。舉例來說，全世界前五百大的公司在二〇一八年投入這些方案的支出還不到利潤的一%（收入的〇．〇六%）。[2]要提升公司的名譽，又能吹噓他們努力改善社會，這筆代價也不高。然而，企業管理人做出的決定大多揭露出他們最在乎的就是放大股東價值。

到了這裡，你或許會想到隸屬勞工或顧客的合作社，這一類組織確實會把焦點放在目標上，而不是利潤。小型企業的擁有者如果有共同的目標，例如付更高的薪資、雇用因為各種理由而難以找到工作的勞工，或提供小眾市場的產品，那個模式也行得通。然而，這些合作社卻遭到常規企業的阻礙，因為它們的目標只屬於它們。我就說句憤世嫉俗的話吧，在真實世界裡，可以看到大多數人的行為就像企業：高尚的目標只是空口白話，他們的表現並沒有那麼無私。大多數零售店講求價格與品質，鮮少願意付出更高的代價來升高薪資，或提供補貼給小眾產品。沃爾瑪超市是美國最大的雜貨商，亞馬遜是美國最大的分銷商，而布魯克林區居民依然最愛當地的一家小店，也就是公園坡食品合作社（Park Slope Food Coop）。

即使大多數企業確實以獲利為目標，但它們為達成那個目標的行動要受法規限制。企業可以自由施行自認能提高股價的方法，只要能符合社會制定的規則，涉及環境、安全、勞工標準、消費者告知，以及基本上商業活動的每一個面向。鼓勵、要求、請願或遊說公司改變他們的行為，或許有時候能行得通，但這個策略的效益比較差，不如修改相關規定來強迫企業改變。我們先討論控制企業的真人如何決定企業的行為，再來討論怎麼促使企業改變。

企業主管有法律責任（也叫「忠實義務」），行事必須考慮企業的「最佳利益」。這個政策叫作「經營判斷法則」（business judgment rule），對於企業主管的行為只制定了非常軟弱的標準。碰到法律上的質疑，法官很不願意在事後批評主管的行動。一般來說，只要企業主管能提出可信的說法，他們的行事考慮到企業的最佳利益，而且不違法，就能按他們認定的方式來經營業務。同樣地，公司的董事會也不太可能實地考察管理的狀況，因為董事多半是執行長或管理高層的好友，由於職涯類似高階經理人，所以理念相同，也擔心質疑管理階層後會失去利潤豐厚及具有名望的董事會席位。

因此，按著經營判斷法則，法律不會提供明確的管理方向，董事既然與管理階層的關係親近，不用負責，也不是股東，因為他們不那麼貼近公司的營運。那麼，管理方向由誰制定？用什麼引導？答案是股價。在企業階級上爬得愈高，報酬與公司股價的關聯就愈緊密。這種關聯有可能透過股票選擇權，將一段時間內的股價增加付給主管，或直接發給股票，主管可以自行選擇持有或賣出。*因此，管理階層會密切注意股價。到了最高層，執行長與高階主管的報酬多半直接跟著股價上下。

報酬與股價的關聯讓管理階層與股東的利益一致，其他的利益就降低了優先順序，例如在乎工作的安全性、好不好賺及輕不輕鬆。然而，這個關聯確實能讓每個人的焦點都變成提高公司的股價。在完美的世界裡，提高股價的目標應該讓管理階層把焦點放在公司的長期營運上。如果管理階層做出的決定只能衝刺短期的利潤，卻為公司帶來長期的損害，就應該要避免。很可惜，我們所在的世界並不完美。

管理階層有很強的動力，想讓當前看似是最好的狀態。目前這季的獲利能力是個確切的數字，每個評估股市的人都可以加以分析、探知算數規則，並用來決定股票的價格。另一方面，公司的長期營運充滿變數，不能穩妥拿捏，也不能縮減成一組可以核實的數字，交由公司的稽核人員來認證。未來也很有可能碰到管理階層的變動。因此，在真實世界中，增加股價的目標並不像理論上看起來那麼無害。企業經理常因此要冒過度的風險，損害勞工的利益（管理階層可以刻意隱藏或撇清的行為），讓公司上頭條新聞，增加短期的利潤。

一般的公司承擔過度的風險時，公司本身會有危險。金融公司承擔過度的風險時，整個經濟可能都有危險。因此，既然我們的目標是了解經濟，我們就該更仔細地檢視民營企業的這一部分。

金融業扮演什麼角色？

金融公司包括商業銀行、投資銀行、避險基金、創業投資基金和其他金融商行，跟其他企業一樣，屬於個別的股東，重點是股東價值。然而，跟其他企業還是有不同的地方，它們的活動對經濟

* 在大型私營公司裡，如果公司已經上市交易，通常會用股價的估計值。

有特別大的影響。金融公司尤其常要背負加重不景氣的罪名，有時還是不景氣的禍首，例如二〇〇八年的經濟大衰退。

美國銀行在聯邦準備系統創造貨幣的過程中扮演獨特且重要的角色，這會在第十一章討論。但除了幫助聯準會管理貨幣供給，銀行在經濟中還有更重要的角色。除此之外，金融業整體來說，除了銀行還有很大的一塊。

美國經濟分析局（ＢＥＡ）隸屬美國的商務部，會計算各種類型的企業對經濟的貢獻量。[3]目前最大的類別約為四兆六千億美元（約占美國經濟的二二%），為「金融、保險、不動產和租賃」。這只是這個類別在經濟的直接占有率。對剩餘七八%的影響也值得注意。

ＢＥＡ把這個類別再往下分一層，指出光是「金融及保險」每年就有大約一兆八千億美元。保險公司做的事情大家都知道：向一大群保戶收取叫作保險費的費用，把錢集合起來，保戶蒙受的損失涵蓋在保單範圍內的時候，保險公司就可以提供資金。事實上，在ＢＥＡ的類別中，大多數企業的業務內容都很清楚。但金融業的企業究竟在做什麼？

它們最基本、最重要也最傳統的角色是將手邊有閒錢的人的資金與需要資金但沒有錢的人配對，讓大家一起變得更幸福。提供資金的人（儲戶／投資人）會拿到收益（包括利息、股利和資本利得）。資本接收方就可以做他們之前想做卻做不到的事情，例如買房子、創業或發明新產品。增生出來的業務、基礎建設、教育以及其他用貸款進行的有利投資，則是一般大眾享受到的好處。

美國經濟中有三個主要族群會透過金融業獲取資本：消費者（你跟我）、企業和政府（聯邦、州及地方）。每個人都可以舉債來得到更多的錢。「債」究竟是什麼？

這麼想吧：愛斯基摩人描述「雪」的詞彙無窮無盡，可以想見他們生活的模樣。而英文裡說到「債」，說法也多得不尋常，那也暗示我們的生活型態。債務可以有很多形式，實際上也有很多形式，名稱也會隨著借方與債款用途而有變化。債務的範例包括學生借款人的貸款協議、償還信用限額給企業的責任、要求屋主償還買屋借款的抵押本票，以及政府或美國財政部的債券，要求政府支付一筆錢給債券擁有者。

結果，不論用什麼名稱、採取什麼形式，債務就是一方欠另一方的錢。債務通常附上一份文件，詳細說明償還的條款——尤其是借方需要在何時以指定的方式付還借貸的金額（「本金」）以及那筆錢的利息。因此，不論債務的名稱或形式，基本的道理就是這樣。

企業還有另一個方法來取得儲戶／投資人手上的錢，但不適用於消費者和政府：股權。股權是擁有企業全部或某個百分比的另一種說法，我們在前一章說過，可以用股份來表示。只有企業可以透過股權籌募資金，因為，還好儲戶／投資人不能擁有一個人（奴隸制度已經廢除），也不能擁有政府的一部分（本書寫作時的狀況）。

因此，需要錢的企業可以選擇舉債或發行股權來募資。充滿想像力的金融業成員擴展選擇，創造出一系列的產品，以各種能想到的方式融合債務和股權的特質——發明無數的混合產品，像是特別股、可轉換公司債、權證以及有股權參與的債務。舉例來說，特別股就像普通股，*因為買方會得到發行公司的部分擁有權，不過也像債務，因為特別股通常有權利受到定期付款（很像利息），擁有者則得不到公司的投票權。可轉換公司債跟債務類似的地方在於擁有者會收到利息，但也有權利在某些情況下將債務轉換成股權。這些金融產品的目的都在於把資金從不花錢的人那裡導向到要花錢的人口袋裡。這是金融公司的傳統業務，似乎跟大多數企業一樣，不會特別複雜或深奧。

回到幾段前，問起「金融公司的工作內容是什麼」，似乎很難回答，因為在近幾十年來，對收入、利潤和更高股價的追求讓金融公司開始冒險，遠離傳統的角色。這些公司推出的新產品和工具複雜到超乎想像，並不會把資金從不花錢的人流向想花錢的人。很多產品設計成讓買方可以下注在財務表現、特定的金融指標（例如未來的通貨膨脹或利率）或任何東西上。

例如，你可以買名叫「買入選擇權」的產品，賭IBM的股價要上升。你也可以買「賣權」，賭蘋果的股價下降。你可以買「期貨合約」，賭原油的價格上升。最後（但也非常重要），你可以買「信用違約交換」來賭某組抵押貸款能否清償。投資銀行家在設計這些打賭玩法時想得天花亂墜，再取令人印象深刻和威風凜凜的名字，比如前一句的「信用違約交換」（credit default swap, CDS）。然而，基本上都是打賭，也都叫作「衍生性證券」（derivative securities，也叫「衍生性金融商品」），因為它們從另一個東西衍生出價值——不論打賭的目標會不會實現。

如果聽起來很像賭博，沒錯，就是賭博。金融公司怎麼會發展出這個新角色呢？

衍生性金融商品原本設計用來讓投資人利用避險來降低投資組合的風險，也就是減少異常損失的機會。例如，投資人擁有一大筆費城發行的債券，他們就很關心費城能否付還債券（簡單說，費城有可能違約）。因此，投資人可能會用「信用違約交換」，來保護自己免受損失，實際上很像保單。他們可以賭費城會違約，付費（類似保險費）給對費城更有信心的另一方。

如果費城沒有違約，另一方可以留著費用，投資人也會拿到費城債券票面的金額。如果費城真的違約了，另一方就必須賠償投資人承受的損失（類似保險公司賠償的損失），可能是全額或部分（視打賭的金額而定）。如此一來，儘管投資人因為費城違約而賠錢，但贏了打賭，還是可以彌補一點損失。因此，法律特別允許衍生性金融商品的發售，不過在美國，大多數的州禁止賭博（但政府發行的彩券得到特別許可，當然也讓州政府賺了不少錢）。

這些商品一開始設計成工具，原理就像保險，讓投資人可以管理風險，卻變形成虛擬賭場，把拉斯維加斯完全比下去了。下注的數目和複雜度快速成長，大多數商品似乎不會給投資人保護自己不受異常損失的機會。國際結算銀行（Bank for International Settlements）估計衍生性金融商品在二〇二〇年的總量是六百零七兆美元。[4]信用違約交換也是一種衍生性金融商品，估計金額為九兆美元。即使估計的數字錯得離譜，但這麼高的金額當然引人注目。

創造、行銷、執行和監督這些衍生性金融商品變成一筆大生意，也是金融業的重大利潤來源。

＊ 本書其他地方提到股票時，都指普通股。按慣例，「股票」指普通股，除非上下文需要澄清。

參與這種業務的機構也會吸引受過一流教育的商業天才。自然就有問題了：要是有好處，社會大眾要用什麼方式獲益？

從製造商到服務供應商，大多數企業都能看到自己的產品有什麼好處。即使你從來不買某項產品，總有人會買，我們在第二章討論過，他們從產品得到的益處應該會高出費用，不然他們一開始也不會想買那樣產品。

然而，以衍生性金融商品而言，賭贏的客戶拿到的錢就等於賭輸的客戶損失的錢。因此，衍生性金融商品彷彿是一個零和遊戲。然而，對顧客來說，衍生性金融商品其實還不算零和遊戲，因為金融業在構造和安排商品的時候會抽取手續費。社會能從衍生性金融商品得到什麼好處呢？就像在問社會怎麼能從賭博獲益？維持在適度的範圍內，這些活動很吸引人，不太可能造成傷害。但過度的話，會產生巨大無比的傷害，有可能遠遠超過本身的娛樂價值。

衍生性金融商品會造成什麼樣的傷害？光看市場大小，以及這一行雇用了這麼一大群美國最聰明最優秀的人才，就可以看出端倪。做這一行的人大可想辦法解決重大的問題、發明有用的新產品或治療疾病，而不是設計有可能破壞整個經濟的超複雜賭局。這就是二〇〇八年的情況，下注在抵押貸款上的幾百億美元出錯了。幾家大金融機構因此破產，例如雷曼兄弟（Lehman Brothers）投資銀行，打擊美國人對金融制度和美國經濟的信心。金融困境傳到實質經濟，引起經濟大衰退，造成的損害遠超過這些衍生性金融商品能提供的好處。

衍生性金融商品市場也說明了貧富不均如何扭曲經濟和增加波動性。這個巨大的賭場裡有很多資本雄厚的人，如果財富和收入的分布更加平均，投入這個賭場的許多資源都可以調度到別的地方——假設那裡的傷害會降低，提供更大的利益。

在相關的領域中，我們也看到類似的扭曲——在本書寫作之時，資金大量湧入金融業最新的創新產品，也就是替代貨幣（假設大家可以接受這可以算在「金融業」的話）。替代貨幣的投機就像大多數投機行為，都很像賭博。資產不論是比特幣、NFT，或迷因股（meme stock），只要有人期待滿手現金的投資人持續抬價，就可以炒高價格（第十章會提到投機「泡沫」）。資產投機不像商業中的傳統投資，後者會提供需要的資金來製造更多的商品和服務、擴展經濟，接著為投資人產生收益，一般能創造出真正的價值。

如果大家想賭博，可以去拉斯維加斯，不需要參與幾兆美元，有可能擾亂整個經濟的活動。美國對博弈產業有規定，對於更大的衍生性金融商品市場，也該依樣限制大小、觸及範圍及效應，以及規模數兆美元的投機行為。否則，經濟就很有可能脫軌，像二〇〇八年那樣。跟火車一樣，我們應該努力讓經濟走在軌道上，免得在脫軌後要花更多的力氣去矯正。

改變企業行為

我們討論過操控企業的人一般有什麼動機，尤其是金融公司裡的人。要是我們不喜歡看到的結果，要怎麼辦？

影響企業行為

儘管企業不是真人，但企業也很在意形象，因為有很多例子告訴我們，形象或品牌是最有價值的資產。經營企業的則是真人，因此，他們對大眾的批評及排斥非常敏感，包括有針對性的抗議或抵制。畢竟，大型抗議或抵制可能帶來公關夢魘、業務流失及變差的股價。這些行動過去曾看到成效——今日，在動物身上實驗的化妝品變少了、基因改造的食品變少了、有害的殺蟲劑也變少了。

你會想，既然對企業行為覺得困擾的消費者可以組織起來，企業的股東想要組織起來的話，應該更簡單吧。由於股東擁有公司，很多股東實際上也不希望公司汙染地下水、出口工作等等，為什麼看不到股東提議更多的改變呢？因為要組織股東其實非常困難。

前面討論過，上司公司可能有成千上萬的股東，身分不明，因為上市公司不會整理股東的名單。事實上，美國大多數上市公司的股東用「擬制人名義」（street name），意思是證券經紀商或其他機構的名稱會列為股票所有人。列出的擁有人為實際的擁有者擁有或持有股份。將經紀商或其他機構列為擁有者，賣出的股票就更方便轉讓，因為不需要實際的擁有者介入，經紀商就可以自行完成轉讓手續。

這個過程很方便，但會隱藏實際擁有企業股份的人名，企業也無從探查（如果你的股票放在經紀商的帳戶裡，就應該以擬制人名義持有。企業並不知道你擁有這些股份）。

此外，共同基金、退休基金和其他機構擁有所有股票的八〇%左右，[5] 這些股票的真人受益人也一樣身分不明。最後，很多股東擁有多家公司的股票（大多數人應該都是這樣），所以他們不會對其中一家公司特別有興趣。

法律確實有機制可以讓股東直接影響公司的行為。首先，所有的股東都可以選出新董事。此外，在美國，每家上市公司股東只要持有該公司價值至少兩千美元的股份，且達至少三年，或至少一萬五千美元的股份至少兩年，或至少兩萬五千美元的股份至少一年，就有權在公司寄給股東的年度信件中納入一個提案[6]（對於以擬制人名義持有的股份，企業會每年寄送信函給股票的登記持有人，例如證券商，然後登記持有人再轉發給真正的擁有者）。這份每年寄送的信函叫作「委託聲明書」，徵集每位股東為該年參與選舉的董事投票，也會有股東提案等其他事項。

然而，股東提案的相關規定非常複雜，常讓企業有機會拒絕在委託聲明書裡納入提案，因此其他的股東便無從得知。即使納入了，即使提案通過了，結果也不具有約束力，除非提案要求企業章程（其管理文件）做出特定的改變。二〇一八年，在美國前五百大上市公司（S&P 500）中，平均每家公司的提案不到一個，大多數提案都判為無效。[7]失敗率很有可能一直這麼高，因為擁有大多數股份的機構通常只在乎他們持有的公司賺了多少錢。

股東提案確實有可能影響企業行為。然而，要讓提案成為投票對象，並讓大多數股東投票贊同，真的很難，因此提案的效應相當有限，除非管理規則改變，降低這個過程的難度。規定在二〇二〇年底已經改過，讓提交股東提案變得更難，所以規則不太可能改變。接著更大的問題來了：改變一般企業行為的規則。

修正規則

關於企業行為，我想提出的重點跟我之前講到經濟制度的重點一樣。管理企業行為的規定，就像管理經濟的規則，都是政治過程的結果，因此，這些規則的改變也是相同過程的結果。由於企業對這個過程的影響力特別強，所以客觀性跟公平性就成了大問題。

美國最高法院在二〇一〇年對「聯合公民訴聯邦選舉委員會案」的裁決，將美國憲法第一條修正案言論自由條款的保護延伸到企業，因此過去幾年來這種影響力急速上升。尤其是該案允許企業可以支出無上限的金錢來支持獨立候選人能不能選上。法院指出，如果個人有言論自由，想花多少錢來影響選舉都可以，那麼個人的團體也應該有這些權利。

表面上聽似合乎邏輯，但往下挖一點點，就能看到嚴重的問題。個人開口時，他們可以控制自己要說的話。一群人說話時，例如有好幾十萬股東的企業，大多數的個人無法控制說出的話，甚至沒察覺到這樣的發言內容。執行長負責決定企業對事項的立場，可以在不需要股東同意或知情的情況下使用屬於他們的資源，放大自己的聲音。

原本遊說者對選出的官員已經有重大的影響，而此案基本上讓他們幾乎能控制選出的官員。如果官員不改變立場去支持企業遊說者的觀點，企業只要花足夠的錢，就可以用願意聽話的官員來換掉這個人。

要說「聯合公民」一案讓企業坐大，還算說得保守了。曾在克林頓任內擔任勞工部長的羅伯·

芮奇（Robert Reich）現在是加州大學柏克萊分校的教授，他記錄過企業在政治過程中的投資報酬率比任何投資都優秀，包括自家生意的投資。企業可以花好幾百萬美元在政治過程上，更縱容的規定、減稅及直截了當的補貼會帶來價值很多倍的效益。

如果企業的行為對企業以外的世界沒有任何效果，這項花費不是那麼嚴重的問題。在這樣的世界裡，企業只要說服（在「聯合公民」案以後，則是脅迫）官員制定對企業及股東有利的政策，不會影響到別人。那個世界或許在某人的理論模型裡，但完全不可能成真。

在商業世界裡，幾乎每一項行為對其他人都有某種效應，不論是不是故意的。有些效應很明顯，例如公司未裝設適當設備所造成的汙染、地方政府縮減社區服務以便補貼企業、政府大方給大公司特殊的租稅獎勵而導致小公司倒閉，以及公司決定以機器或別處更便宜的員工來取代雇員時流失的工作。經濟學家把這些施加在別人身上的成本叫作「負外部性」（negative externalities）。當公司的活動造成公司「外部」的一方必須付出成本時，負外部性就會出現。因此，公司縮減這種活動的動力並不強。

像汙染這樣的外部性並不難衡量，但有許多外部性比較隱晦，或難以量化。臉書為得到使用者的注意，透過演算法提供愈來愈多語帶挑撥的政治和世界現況連結，怒氣和兩極化逐漸攻占美國。亞馬遜的高效物流搶走各地零售商的生意，社區也蒙受各種痛苦，從蕭條的地方經濟，到活力、親切度及安全性都降低的街道。共乘應用程式讓搭私家車變得比大眾交通工具更容易之後，車流量增加了，大眾運輸跟著變質。許多公司每天都做出無數影響環境的行為，有些非常微小，但長期累積下來對氣候的影響可能釀成災害。企業如果造成既直接又明顯的傷害，當然很糟糕，但起碼我們能辨認出這些傷害，並想辦法處理。環境衝擊之類的傷害可能是間接的，或沒那麼明顯，就很容易錯過。即使發現了傷害，或許也找不到起因和處理的方法。

要降低這些活動效應引發的成本，只能透過政府行動。對於某些活動，有一個很有效的方法，就是讓公司「內化」他們所造成傷害的成本。具體地說，政府的經濟學家可以估算某些活動造成的傷害要花多少錢，要求該公司繳出那個數目的稅金或費用。如果費用很高，公司就會減少那項活動。如果活動減少的程度還不夠，費用就會一直增加。

另一方面，如果活動對公司有足夠的重要性，他們會付費，讓活動繼續。但是，至少在這種情況下，社會能得到傷害的賠償，而且公司在未來的決策中也會將傷害納入考量。舉例來說，政府可以要求汽車製造商付費，根據它們的汽車排出多少汙染物，以及社會被汙染後所產生的成本。這種相應的費用會降低高汙染汽車的銷售量。製造商仍會賣出其他的汽車，政府按銷售額收取費用後，可以把這筆錢用來推廣大眾運輸和其他更加環保的運輸形式，抵銷一點這些汽車造成的傷害。

然而，對於公司造成的傷害，這些補救措施只能由政府官員來實施——他們就是那些會偏袒有錢大公司的官員，因為這些公司為選戰提供資金，支持他們的事業。若能推翻「聯合公民」案，限制金流，來降低這種影響，需要美國四分之三的州同意美國修法的修正案——在目前的政治環境中，應該不可能。要最高法院重新檢視和推翻此案，似乎同樣不可能，因為該案十年前才定奪，而且大法官並沒有任期限制。因此，在可預見的未來，身為公民的我們，只能在這個過程中專心扮演自己的角色，才能看到改變。

在有些人眼中，公民是要服務的顧客，比方說前美國總統川普的女婿傑瑞德·庫許納（Jared Kushner），他說政府應該「為顧客達到成功與效率」。[8]有些人則把公民看成扶養的對象，像是庫許納的岳父，那時他說要剝奪某些美國人的公民權。美國人不是美國政府的顧客，也不是扶養的對象，而是政府的老闆。如果選出的官員忽視共同利益，只在意那些為選戰提供資金的人，要求他們無視金主並不是答案。而是投票讓他們下台，開除他們的職務。

鼓勵眾人更積極關心對他們的生活會造成衝擊的事項，看穿不停反覆的論調來辨認出好政策，並支持擁護好政策的政治人物，這些都不容易。然而，在美國要帶起改變，就是沒有其他實用的方法。我希望本書在這個過程裡可以起一點作用。

曾有無數的運動激發出人民的怒氣，但達不到真正的改變，只讓我們看到要衝擊公共政策有多難。在很多案例中，這一類的努力能達到象徵性的勝利，很多人便誤以為是真正的改變。他們不禁認為仗已經打贏了，獲得真正的勝利，又把注意力轉到其他的行動上。商業圓桌會議（Business Roundtable）在二〇一九年發布「企業宗旨宣言」，簽署人包括近兩百名全美最大企業的執行長，就是一個例子。由於美國經濟不均的情況愈來愈嚴重，帶來的壓力讓這些執行長宣稱「公司不應該只服務它們的股東，也要傳達價值給顧客、投資員工的成長、以公平的方式對待供應商，並支持營運所在的社區」。[9]很好的陳述，但僅止於此——說得對，但並未指出在真實世界中帶來改變的方法與時機。

另一個例子則是占領華爾街（Occupy Wall Street）運動，成功讓我們深入察覺經濟不均的惡化。當別人提到「一%」或「九九%」，因為這場運動，我們都知道他們在說什麼。然而，在大城市裡占領公園的抗議者無法真的占領公園，在實際制定政策的地方也找不到一席之地，例如立法機關和政府體制。光是相信或討論好的政策，不論大家的支持度多高，或期待有多深，不一定能改變什麼。自從占領華爾街在二〇一一年登場後，一%和其他人之間的鴻溝變寬的速度甚至變快了，證明上述的觀點。

另一方面，在經濟大衰退後呼籲降低稅收及降低政府支出的茶黨（Tea Party）運動，則誤解了經濟學的意義（我們在第四篇討論那個經濟週期時會詳細說明），但他們的政治觀點沒錯。在二〇一〇年的中期選舉時，《紐約時報》認定有一百三十八名國會議員候選人得到茶黨的大力支持，大約是選上人數的三分之一。[10]他們進入國會後，或許也讓政府對經濟大衰退的回應不符合大多數經濟學家的期待，減緩復原的速度。

本書不會討論如何改變方向。不過，對於帶來改變，我希望這本書能推動最難的地方，也就是帶來改變——找出能在真實世界中實行的想法、引導對這些想法有利的論點，以及鼓勵其他人支持這些想法和致力於實行的政治人物。想法愈好、論點愈清楚，動員就更容易。本書的序言就提到，「民主不是吸引大量觀眾的體育運動。」莎士比亞的話自然巧妙多了，在不同的情境下，他說過：「親愛的布魯特斯，缺憾不在於我們的命運，而是我們自己。」

但先不提我們的民主權及美國政府在經濟中的角色，我們需要先討論贏家通吃的趨勢為美國經濟帶來的特殊新威脅。我們愈來愈脫離不了巨型企業的擺佈，它們有力量控制市場、規定價格和制定雇傭的條款。下一章會討論這個現象，以及我們可以怎麼做。

第九章

企業合併及降低的競爭：為什麼有愈來愈多的產業由愈來愈少的公司主導？

壟斷很可怕，除非由你來壟斷。

——魯伯特・梅鐸（Rupert Murdoch），商界鉅子及媒體大亨

成本優勢及網路效應

我們在第二章討論過，科技革命大幅降低了大規模發展業務的成本（雖然尚未完全消除），讓最大的生產商得到前所未有的優勢。這些規模經濟提高了競爭難度，愈來愈多的產業由一家公司（「壟斷」）或一小群公司（「寡占」）主導。這個現象讓亞馬遜以之前想像不到的大規模來進行零售、優步（Uber）在全球各地提供運輸服務，以及網飛隨時隨地都能提供各種想像得到的影音娛樂。

大型企業不斷增長的優勢橫跨了大多數產業。一項學術研究發現，從一九九六年到二〇一六年這段期間，美國產業有四分之三以上經歷了更高的集中度，在集中度提高最多的產業中，公司「享受更高的淨利率、異常的正股票收益，以及獲利更高的（併購）交易，表示市場力量變成重要的價值來源。」[1]巴克萊銀行的研究指出，自二〇〇〇年以來，企業集中度增加的比率超過六〇％。[2]

大公司總有一項優勢。且看過去二十年來的變化，與亞馬遜、優步、網飛及許多大公司競爭變得幾乎不可能，因為這些公司透過全球網路得到無數的顧客，能把固定成本攤在更多人身上。大公司除了規模上的競爭優勢，在取得業務需要的商品及服務時，也能談到最低價格，處理勞方問題時更有力量——換句話說，更大的經濟規模。

這些新的大公司獲益的源頭不光只有成本優勢。所謂「網路效應」的現象也會帶來好處。從麵包店買麵包的時候，你不怎麼在乎有多少人在哪裡購物。你比較看重買的麵包品質好不好，還有價格划不划算。然而，選擇社群網站或要購買的軟體時，你很在乎有多少人選擇那個網站或那種軟體，因為他們的選擇會影響你得到的益處？為什麼呢？

像臉書這樣的社群網站有接近三十億名使用者，跟其他網站相比，你會在臉書上找到更多朋友、親戚和認識的人。即使其他的網站設計得更棒，更容易使用，結果也一樣——你主要是為了與他人交流，而大家的活動都在臉書上。

同樣地，如果每台你用過的電腦都有微軟的軟體，在買新電腦的時候，你或許會比較想搭配微軟的軟體。這並不是因為微軟的軟體本來就比較好，只是因為你得花時間和精力去學新的程式，或因為跟你上班用的程式不一樣的話，就很難傳輸檔案，或者因為大多數（還是幾乎全部？）你需要的檔案都用微軟的軟體。在網路效應下，愈多人選擇用某項商品或服務，你得到的好處愈多，其他人也愈有可能做出相同的選擇。

科技和網路效應降低競爭，讓為數更少的大型公司控制愈來愈多的經濟區塊。為什麼會有問題？產業中有很多競爭者的時候，每家公司都會感到壓力，要壓低價格、開發創新的產品，以及提供良好的顧客服務免得丟掉生意。公司面對的競爭愈少，愈感覺不到這些壓力。例如，要品味一下這些大公司覺得需要提供什麼樣的「顧客服務」，可以想辦法跟它們交涉，試著修改長達數頁、字體微小的「使用條款」；跟這樣的大公司交易前，它們多半會要求你明確接受這些條款。

居於主導地位的大公司在處理勞工問題時影響力比較強、更能提供資金開發和施行節省人力的技術，而且對政治人物的影響力更高，可以向政府要求減稅、反轉規範及其他的效益。在消費者、供應商、勞工及政府面前的這些權勢，也讓這些大公司為擁有者搶到更大片的經濟餅——將更多收入從勞方轉向資方。創投大師彼得．提爾（Peter Thiel）說：「競爭是留給輸家的。」

推動競爭

要做什麼才能推動競爭及防止勢力合併？第一個步驟是辨別出許多政府自身的法規和政策會創造出這些趨勢，還是使之惡化。

這些法規有少少幾條會刻意並明確地設立壟斷，來防止競爭。一個例子是政府會授予產品的專利，例如藥品，專利擁有者就有該產品的獨賣權。智慧財產則授予版權，例如電腦軟體，擁有者就有獨占權，可以授權產品給其他人使用或享受。這些壟斷有很好的理由，如果開發人員不能在某段期間內獨家銷售自己開發的產品，新發明或產品就會少很多。他們只能靠這個方法保障自己投入發明和創造新事物的大量時間與金錢能得到回報。

然而，至於某些類型的新產品，尤其是重要的新藥物，限制定價似乎也很合理。專利應該要允許公司定出的價格能補償開發的高成本，賺取像樣的利潤，才能吸引人。但另一方面，專利不應該允許定價讓這些公司利用大眾的醫藥需求，賺取超乎正常的利潤。

相對於刻意創造壟斷以鼓勵創新的法律，很多偏向資金富裕大公司的法律並沒有那麼合理。超複雜的規範、過多的授權規定，以及費解的稅法（大公司法務部的例行工作）都可能讓只有小法務部門（很多根本連法務部都沒有）的小公司處於明顯的劣勢。

此外，在美國的法制下，財力雄厚的大公司可以透過高成本的訴訟淹沒競爭者，有可能造成妨礙的敵手也躲不過。與訴訟費有關的「美國規則」（American Rule）規定，在一般的情況下，法律案件中各方要支付自己的訴訟費。因此，大公司覺得訴訟是一種特別有用的戰術，可以派麾下的律師去控告小公司，而小公司通常就需要雇用昂貴的律師事務所來幫自己辯護。即使被告方駁回訴訟案，或最終贏了案件，仍要支付確定他們沒做錯事的律師費。有一次，我不小心聽到某個人跟一位在大公司工作的律師對話，這位律師在控告競爭對手時特別咄咄逼人，那人問他是否壓力很大。

律師說：「我沒有壓力。我給別人壓力。」

很多民意代表在幫小公司講話時，只是動動嘴皮子，還常常熱情地稱它們是「家庭式小店」。還有，聯邦政府的「小型企業管理局」（Small Business Administration）「是美國小型企業唯一可以求助的萬事通及發聲人，提供諮詢、資金及締約的專業知識」。[3]大多數地方政府都設立了類似的部門，就是為了要輔助小型企業。然而，很多偏袒大公司的法規一直不改，而且隨著時間過去，變得愈來愈多，愈來愈複雜，但大多數並非刻意為之。

愈來愈大的規模經濟和網路效應對健全的競爭帶來嚴重且前所未見的威脅。這些都是很可怕的力量，因此解除政府偏袒大企業的政策只能減緩問題惡化的速度。以前，當某些公司開始要主導或壟斷某個產業時，美國政府為了勒住這些公司，主要試過三種方法。

第一個是切割太大或勢力太強的公司，或超前部署，從頭遏止公司合併變得過大。一百多年前通過的反托拉斯法給政府這種權力。最出名的例子出現在一九八〇年代，美國政府利用這種權力拆分當時壟斷電話的貝爾電話公司。而上面討論的兩個現象都是貝爾電話公司得以壟斷的因素。第一，貝爾的經濟規模很大，因為它能將電話網路的固定成本攤在幾百萬使用者身上，吸引新使用者的成本就很低。第二，美國的每一個人基本上都是貝爾的顧客，要設立類似的網路不是不可能，但難度太高了。貝爾電話公司與今日的行動電話公司不一樣，不歡迎網外來電。

政府把這家公司拆分成幾家規模較小的區域性電話公司，稱為「貝爾寶寶」。從那時起，這些小電話公司又進行合併，最後其中兩家（AT&T與Verizon）成長到控制大約七〇%的行動電話市場。這兩家公司擁有的市場力量是否比不上之前市場占有率百分之百的貝爾？有可能，不過AT&T與Verizon彼此激烈競爭的動機並不強，因為政府不太可能只讓一家公司支配電話市場。

對很多新興的重要產業來說，例如寬頻網路、社群網路、網路搜尋服務及隔日送達居家購物的供應商，規模經濟和網路效應特別重要。這些產業裡的大公司透過規模和網路能得到的好處並不會因為公司被拆分就沒了。跟電話產業一樣，即使拆分了，這些好處有可能讓幾家能支配市場的大公司再度冒出來。

要讓這種產業裡的企業數目變多並彼此競爭，政府必須保持警戒，對抗會鼓勵企業合併的趨勢。另一方面，可能也要放棄一些規模經濟和網路效應能夠帶給消費者的效益。舉例來說，貝爾電話公司拆分後，區域性的電話服務變貴了，因為該公司本來用利潤很高的長途電話來補助區域性的服務。然而，如果貝爾電話公司一直壟斷市場，今日我們也不可能有基本免費的長途電話和無數通訊技術的創新。

政府試的第二個方法就是由政府來擁有和控制業務。紐約市在一九四〇年試過這個方法，市政府買下當時的兩家地鐵民營公司，分別是布魯克林—曼哈頓運輸股份有限公司（Brooklyn–Manhattan Transit Corporation，簡稱ＢＭＴ）及跨區捷運公司（Interborough Rapid Transit Company，簡稱ＩＲＴ）。那也是政府會經營某些業務的理由，例如美國郵政及美國全國鐵路客運公司（Amtrak）。在郵件、鐵路服務和其他需要大量投資的業務中，組織愈大，重要的好處就愈多。其他的國家甚至更願意將需要大量投資的業務納入國營，例如航空公司和能源公司。政府控制的公司通常很像沒有競爭對手的私人壟斷——不太有效率、不愛創新，也不在乎顧客需求。搭一次美國鐵路，你可能就更了解這個問題了。

第三個方法則是規範企業營運的方式，及限制收取的費用。美國政府用這個方法來管理大多數電力公司和瓦斯公司，例如為紐約市供電的聯合愛迪生公司（Consolidated Edison）。這一類的規範可以控制居主導地位的企業，不讓這些企業向消費者收取過高費用以及用強制手段管理員工。但如果要鼓勵公司為顧客提供更好的服務，推出有想像力的新產品好讓顧客獲益，規範的力量卻更受到限制。

我們已經討論過，能支配產業的重量級企業能幫自己的投資者搶走更大塊的經濟餅，降低勞方的份額。有些經濟問題的答案相對來說比較簡單。但這一個不好回答。我稱拆分公司、公有制及規範是三個對付這個問題的「方法」，而不是「解決方法」，有我的理由。

每個產業都不一樣，勢力集中也有不同的理由。可能是規模經濟（例如電力公司）、網路效應（例如臉書）、野心勃勃地面對競爭（例如洛克菲勒（Rockefeller）在二十世紀初期差點就獨占了煉油事業），或各種因素的組合。權力集中的效應或許是良性的（例如我們可以存取龐大的資料庫，尋找工作機會），也可能是毀滅性的（比方說只有一家公司負責策劃我們看到的每一則新聞）。要回應這種權力集中，必須考慮各種差異。我們需要權衡大型組織可以提供的效益，有可能因為規模經濟而降低價格，或為使用者提供更強健的網路，要付出的成本卻是它們一般施加給勞工和社會的勢力和影響。

這種類型的「成本效益分析」很受經濟學家歡迎，也很合理。在分析中，我們要權衡每個替代方案的優勢（效益）——例如讓大型組織支配市場，以及拆分、接手或規範大型組織——及這個替代方案的劣勢（成本）。跟成本相比，效益最高的替代方案就是最終的選擇。竅門是納入所有的成本和效益，不論計算的難度，也不管怎麼估計美元價值以及承擔方是誰。這一招通常很難完成，因為集中權力的成本難以計算，可能包含我們永遠看不到的創新或發明、產品類型的多樣性降低、對潛在競爭者失去信心，以及整體來說動力和競爭力降低的經濟。

大型主導企業愈來愈有勢力、財富和影響力，這種趨勢不可能自行停止。跟氣候變化一樣，逐漸出現，幾乎覺察不到。也跟氣候變化一樣，我們冒著傷害自己的危險，加以忽略。

我們需要集體行動來正面迎擊重大的經濟問題，不能視若無睹，這也是經濟衰退給美國的教訓。自經濟大蕭條以後，美國人都期待政府能出手，讓經濟脫離衰退，減輕經濟循環中的擺動。政府用於這個目的的工具是下一篇的主題。

第四篇

經濟循環

UNDERSTANDABLE ECONOMICS

THE ECONOMIC CYCLE

第十章

暴起暴落：上去的一定要下來嗎？

經濟衰退時，你的鄰居失業了。經濟不景氣的時候，你失業了。經濟復甦時，吉米・卡特（Jimmy Carter）失業了。

——隆納・雷根（Ronald Reagan）於一九八〇年美國總統選戰中的發言

什麼是經濟衰退？

新冠肺炎造成的衰退和二〇〇八年的經濟大衰退是最近的兩次經濟低迷。自一九三〇年代初期的經濟大蕭條以來，從各方面來說至少還有十二次衰退。經濟中的這些低迷究竟是什麼？為什麼反覆出現？一般來說，「衰退」的定義是產出（也就是GDP）連續下降兩個季度。因此，如果從上個季度以來，產出下滑，在下個季度又再度減少，經濟就視為進入衰退。「蕭條」不像「衰退」，沒有公認的定義，但通常指特別嚴重的衰退。多嚴重？過去幾百年來，只有一九三〇年代的「經濟大蕭條」以蕭條為名。二〇〇八年的衰退則稱為「經濟大衰退」，比大多數的衰退嚴重，但沒有經濟大蕭條那麼可怕。

大多數人不會密切注意每一季的GDP數字，如何才能得知經濟進入衰退？我們在第四章討論過，經濟的商品及服務整體產出等於總支出也等於總收入。因此，如果產出減少，支出和所得也會減少。意思是，我們會看到失業率上升（因為產出減少，需要的勞工也變少了）、所得下降（更多的勞工被資遣）、價格開始消減（顧客數目減少且財力下降，企業要競爭這些顧客），也會看到更多破產、法拍屋和強制遷出。

所得降低後，會看到什麼情況？我們的支出跟著降低。支出變少後，會是什麼情況？收入繼續降低。收入繼續降低，會變成什麼樣？我想你應該懂了：經濟進入惡性循環。問題又來了：這種惡性循環最初的起點在哪裡？

衰退的起因是什麼？

需求衝擊

在英文裡，表示嚴重低迷的經濟學名詞和心理學名詞都是「depression」——透露了衰退的起因。*在典型的蕭條中（或擴大到衰退的時候），社會整體的心情和展望都會改變。陰鬱感染了所有人，大家不想花錢、產出減少、收入下跌。展望出現這種變化，叫「需求衝擊」，因為大眾花費的意願突然下降，「需求」的商品及服務變少。

需求衝擊是大規模的心理現象。經濟衰退的時候，工廠不會倒塌、工人不會忘記技能，且經濟的資源不會消失。在典型的衰退開始前後分別測試工廠的產能、企業的生產能力及勞工的技術水準，不會看到差別。改變的是人的展望。儘管衰退開始時很有可能是純心理的現象，但很快就會在真實世界中看到結果。

為什麼我們會突然改變展望、變得悲觀，開始花得更少與收入下滑的惡性循環？經濟學家和商務人士認為，股票、房地產或其他價值快速成長的資產突然暴跌，就會造成陰鬱。這種現象叫作資產「泡沫」，價格暴跌則稱為泡沫「破裂」。某項資產如果會影響很多人，例如一九二九年的股票或二〇〇八年的房市，泡沫破裂很有可能引起需求衝擊，帶來經濟低迷。這時我們要問了，泡沫一開始怎麼形成？為什麼某些資產的報酬快速上升後又會徹底慘敗？

答案（又）是大眾心理學。在景氣好的時候，ＧＤＰ增加，大眾變得樂觀。他們會投資股票、不動產、商業及其他資產，期待能賺到豐厚的報酬。我們看過很多案例，報酬特別高的資產會成為注目的焦點。這種資產會吸引非常多投資者，導致價格繼續飛升，超出理性分析的預期或辯證。約翰・梅納德・凱因斯說這種現象是「動物本能的產物——自發的衝動行事，而不是無作為，也不是量化效益的加權平均數乘以量化機率的結果」。[1]

很多被資產泡沫困住的投資人發現，他們太傻了，為了購買暴漲資產付出那麼高的價格及借貸款項。然而，他們假設總有人比自己更傻，可以把投資賣給這些人，賺取利潤。一窩蜂心態、規律出現的致富傳說，以及錯失恐懼，都有可能讓一群人一起做傻事。經濟學家稱之為「博傻理論」（greater fool theory），等所有的傻瓜都加入了才失效，泡沫最後破裂時，被資產困住的投資人就是我口中「最大的傻瓜」。

我們可以看看二〇〇八年的經濟大衰退，進一步了解這個現象。在二〇〇〇年代剛開始時，經濟很強健，貸方深信房市的前途看好。他們在審核房貸申請時也更為慷慨。很多貸款人甚至開始提供房貸給信用可疑（或其實相當差）的人，這些人就可以買他們本來買不起的房子。貸出去的錢變多，房市交易熱烈，房價水漲船高。投資者注意到這件事，開始買房子來裝修後立即轉售，或租給房客（收取投資者心中會不斷增加的房租）。房價不斷上升，貸方甚至更降低了標準，有些貸方借出這一行所謂的「忍者」貸款：借貸方沒有收入、沒有工作，也沒有資產。

這些提供資金給房屋搶購、衝高房價的貸方在想什麼？很多人相信他們可以把這些貸款賣給其他投資者，迅速獲利，就再也不用擔心貸款能不能償還。在大多數情況下，他們的想法也沒錯。然

＊ 心理學名詞「depression」在本書中並非正式的用法，不用以指稱可能由化學物質失衡或生理問題觸發的特定臨床症狀。

而，不論這些貸款的所有權轉多少手，每筆貸款最終都有願意提供資金的買家。因此，他們究竟怎麼想？

這些貸款的最終買主就某種程度而言真的知道自己在做什麼，也有可能只是陷入投機熱潮，不過，他們猜到了兩個結果中的一個：借方付得出貸款的費用，或借方不會還款。跟借方有償付能力的貸款相比，如果借方按期還款，買進這種貸款賺的錢比較多，因為高風險貸款的利率也比較高。如果借方付不出費用，他們就取回房屋（也就是取消贖回權），在不動產價格不斷上升的房市中賣出，賺取利潤。不論如何，他們都是贏家。是的，就算是老練的投資者，擁有頂尖的學歷、炫目的試算表和高額的收入，也有可能陷入感染力很強的樂觀主義，忘記學過的一切——主要資產的價格不可能持續高漲。聽起來沒錯，但為什麼沒錯？

在經濟大衰退前的那十年（一九九六到二〇〇六年），美國的房價總共增加了大約九三%。[2]然而，那段期間的收入中位數總共增加了三五%左右。[3]居住成本消耗的家戶總預算比例愈來愈高，能買得起房子的美國人愈來愈少。＊到了某一刻，這個情況結束了。那一刻是二〇〇七年，房價增加的速度減緩，在那一年甚至出現負成長。

問題依然沒有解答：為什麼泡沫會突然破裂，而不是慢慢消風，回到能長久持續的增長率，進而降低需求的「衝擊」？答案又跟人性有關。

在二〇〇〇年代中期，受到房市吸引的投資人都期待很高的報酬率，多年來，他們的期望也沒有落空。然而，在二〇〇七年，房子愈來愈貴，價格增加的速率慢下來，新的投資者開始尋找別的標的。此外，很多投資者開始求售房屋，以便在看似市場高峰的初期換取現金，或只想脫手光環漸退的資產。買方減少，賣方增加，導致房價增長的速度變慢。因此，有更多的不動產投資者想賣出，確保可以獲利（或避免未來損失更多）。投資者看到價格下跌、急忙尋找出口、搶著出售、扎破了泡沫，就開始了惡性循環。二〇〇七年房價停滯後，接下來的兩年內，平均每年價格下降六%。[4]

許多人用「槓桿」（債的另一個同義詞）來買不動產，加速市場的崩潰。為什麼？如果我用自己的五十萬美元來買房子，價格猛降到三十五萬的話，那棟房子對我來說仍有三十五萬的利益。如果我選擇留著房子，房價從低點每上升一塊錢，我的口袋裡就多一塊錢。如果我選擇賣掉房子，我就鎖定了十五萬的損失。

另一方面，如果我用自己的十萬美元加四十萬美元的貸款來買那棟房子，我在那棟房子上的利益（整整十萬的投資）就全部賠光了。此外，即使房價上升，在一開始增加的五萬元裡，沒有一塊錢能到我的口袋裡，因為貸款依然超過房價。更重要的是，我必須每個月付四十萬美元貸款的費用，而那棟房子現在只值三十五萬。實質上，我可以放棄那棟房子，增加五萬美元的淨財富——我

* 曼哈頓或舊金山等特定市場的房價成長速度可能會超越整體的經濟，因為這些地方的房價仰賴一小群人的支出，而他們的收入成長速度則比經濟更快。

失去了一棟三十五萬的房子，但也脫離了四十萬美元的債務。＊難怪，在經濟大衰退造成市場低迷時，之前幾年的高風險貸款有很多遭到拖欠。

要了解泡沫破裂的這種現象感覺不難，但事件的時機仍是個謎。投資人可以把資產泡沫吹大，在即將破裂前賣出，就可以賺很多錢。股價下跌、短期債券的利率超越長期債券（常聽到的「殖利率曲線倒掛」）等各種指標，都是可能的線索，指出經濟即將進入衰退。保羅・薩繆爾森（Paul Samuelson）寫了一本入門經濟學，幾十年來一直是大學生的教科書，他譏諷地說，過去發生五次衰退，而股市已經預料到九次。經濟學家在預測經濟的未來時，也不太成功。就像心理學家跟其他所有人一樣，他們很難預見全國人民的心情會確切在什麼時候出現變化。

雖這麼說，有幾個人的預測就很成功。據說，甘迺迪總統的父親約瑟夫・甘迺迪（Joseph Kennedy）在一九二九年股票暴跌前決定賣出，因為擦鞋童給他買股的建議。他想，連擦鞋童都在買賣股票了，股市一定已經炒到了極高點——每個人的餘錢都投入股市了，那麼市場也只能往下走。而在近期，避險基金經理人麥可・貝瑞（Michael Burry）用衍生性證券（尤其是信用違約交換）來賭房價會暴跌。出資方質疑了他好幾年，因為他的賭注害他們一直輸錢。《大賣空》（*The Big Short*）這本書和同名電影講的是他的故事，他堅持到房市泡沫終於破裂，賺了一大筆錢。不過，約瑟夫・甘迺迪跟麥可・貝瑞大賺，經濟卻變得大糟。

供給衝擊

低迷的起因也有可能不是需求衝擊。某國受到直接的實質傷害時，降低生產商品及服務的能力，也會造成衰退。如果很多人不能工作或殞命（例如因為戰爭或疫情），或生產所需的實體基礎建設或供給被大量摧毀，或無法供應（可能由於自然災害或敵對行為），產量就會降低。經濟學家稱這些會直接衝擊商品及服務、並可能造成經濟特別低迷的事件是「供給衝擊」。

在二〇二〇年以前，石油輸出國家組織（OPEC）成員國實施石油禁運，導致供給衝擊衰退，就是一個經典的例子。禁運的目標是美國以及其他在一九七三年贖罪日戰爭（Yom Kippur War）時OPEC眼中支持以色列的國家。石油對幾乎所有的生產活動來說都非常重要（作家用的電腦也需要電力），石油供給減少和價格上升導致各種類型的生產價格提高，難度也增加。可以想見，因此引發了嚴重的經濟低迷。

而在最近，我們很不幸地碰上另一個供給衝擊引起衰退的例子。新冠肺炎導致美國政府關閉經濟的全部區塊，突然減少許多商品及服務的供給。如果美國政府沒關閉那麼多經濟區塊，死亡人數

* 與購屋相關的貸款大多無追索權，意思是貸款人在違約時可取得房屋，但僅止於此——他們無法拿走借方的其他資產或收入。然而，貸款人可以向徵信中心報告違約，如果違約的借方又想借一筆新的貸款，就無法成功。

可能會更高，滿心恐懼的員工應該也不敢去上班，產出可能因此變得更低。不論美國人的反應是什麼，新冠肺炎就是干擾了經濟，導致生產的東西變少、買賣的東西變少、賺的錢也變少。正如你想到的，供給衝擊也會抑制消費者的情緒，通常之後就接著需求衝擊。

細看經濟不景氣的起因，就像檢視某人消沉的理由。為心理病症所苦的人就像碰到了需求衝擊的經濟。陰鬱沮喪的遠景壓倒了人，也壓倒了經濟，兩者的生產力都降低了。身有重病的人，例如斷了腿或動脈阻塞，就像出現供給衝擊的經濟。直接的損傷降低了兩者的產能。身體有病的人很有可能也會覺得洩氣，就像供給衝擊很有可能引起需求衝擊，要回復之前的生產力就更加困難。

討論了經濟低迷的起因後，我們可以回到前面的問題：政府應該怎麼辦？在第十一章和第十二章，我們會討論美國聯邦準備系統，以及對抗低迷的兩種主要工具：貨幣政策。在第十三章，我們會討論另一種重要的工具：財政政策（政府支出及賦稅政策）。

第十一章

美國聯邦準備系統及銀行業：聯準會扮演什麼角色？怎麼創造新貨幣？

國內民眾不懂我們的銀行及貨幣體制，沒關係，如果他們都懂，我相信不到明天早上，革命就開始了。

——亨利·福特

聯準會是什麼？有什麼功能？

聯準會是聯邦準備系統的簡稱，就是美國的中央銀行。不論國家有多小，每個國家都有一個中央銀行。即使名稱跟聯準會不一樣，例如英格蘭銀行（Bank of England）、澳洲儲備銀行（Reserve Bank of Australia）及瑞士國家銀行（Swiss National Bank），它們都要負責執行該國的貨幣政策——控制國家的貨幣供給，進而影響利率及經濟活動。使用歐元的國家則是很明顯的例外——共有一個中央銀行，也就是歐洲中央銀行（European Central Bank）。

美國政府於一九一三年成立聯準會，是一個獨立的機構。總部位於華盛頓特區，在美國各大城市還有十二家區域性準備銀行，負責監管轄區內的銀行。七位成員組成的理事會負責監督聯準會，他們由美國總統任命，再由參議院通過，任期十四年。總統會從七位理事中選出一位擔任聯準會主席，任期四年，也要經過參議院同意。理事一般是金融業及學術界的傑出人物。接受任命後，理事不會因為他們的政策觀點而被免除職務。長達十四年的任期是為了將他們隔絕在日常的政治壓力之外。就各方面來說，聯準會的結構很像美國的司法體系：與政府分開，為了提高官員的獨立性，予以很長的任期。

聯準會有兩個主要任務。第一個是擔任銀行的銀行。民眾、企業、政府機構，實際上每個公營和民營組織（除了銀行以外），都會把錢存進銀行。銀行則把錢存進聯準會。＊就像你可以存一百塊到銀行，銀行也可以再把你的一百塊存進它在聯準會的帳戶。你在銀行的基本帳戶叫作活期帳戶；銀行在聯準會的帳戶則叫作「準備金帳戶」。

正如你選擇把通貨留在手上，不存進銀行裡，銀行也可以選擇留住存款人的錢，當成通貨，而不是存進聯準會。然而，銀行其實會把大部分的存款留在聯準會那裡，而不是自己的金庫，就像我們會把大部分的錢存進銀行，而不是留在家裡——比較容易，也比較安全。銀行「準備金」就是銀行放在聯準會的存款，加上銀行留在手邊、相對來說相當少量的通貨。聯準會也監督美國的銀行體制，制定政策，確保銀行體制既安全又穩固。

聯準會另一個重要的角色是實現其「雙重使命」——在討論經濟低迷時，這個目標非常重要。首先，聯準會要負責提升就業率（基本上就意味著延續經濟成長）。另一方面，要負責推動穩定的物價（聯準會解讀的意思是避免每年的通貨膨脹率平均下來超過二%）。

在美國政府成立聯準會前，經濟更動盪不定。前面已經提過，擠兌和金融「恐慌」非常常見，例如銀行倒閉、股市崩盤、經濟動盪、大量解雇等等。在聯準會成立前，這個世紀出現了至少十三次不同的金融恐慌。經濟依舊起起落落，但自從聯準會成立後，經濟擺動沒那麼極端。

但這個雙重使命（同時提升就業率和穩定的物價）強加的目標有點矛盾。我在第三章說過，把很多新貨幣注入經濟，會導致支出升高。企業會在可能的範圍內，雇用更多人，生產更多東西。但是，如果貨幣量的增加大於產出的增加，就會出現通貨膨脹。另一方面，限制新貨幣來防止通貨膨脹也有風險，無法推動支出來盡量提高就業率。聯準會的目標是找到甜蜜點（球類運動的最有效擊球點）——能給經濟足夠的刺激，提高就業率，但不足以撩起通貨膨脹。

我們要先討論新貨幣的起源，再來討論增加貨幣量（來自金融經濟的東西）對就業率怎麼會有這麼強的衝擊，然後也影響了產出（實質經濟）。

＊ 根據幾份央行數位貨幣（參見第三章）的企劃，聯準會會開始提供帳戶給每一個人。

產生貨幣的方法

約翰．高伯瑞（John Kenneth Galbraith）是著作豐富的經濟學家，當過好幾任美國總統的顧問，他說過：「創造貨幣的過程很簡單，簡單到大腦都覺得厭惡。」[1]他對「簡單」的定義跟我很不一樣，我猜也跟讀者的定義不一樣。

我們前面討論過，「貨幣」或「貨幣供給」很簡單，意思就是流通中通貨加活期帳戶的餘額。貨幣量代表經濟中購買力的量，會一直增加。比方說，一九六〇年的貨幣供給約為一千四百億美元。到了二〇二二年一月，增加了將近一百五十倍，為二十兆七千億美元。[2]怎麼會增加這麼多？那麼大量的新貨幣又在誰的手裡？

美國國會授予聯準會權力，控制創造貨幣的過程，並禁止聯準會創造貨幣後就交給任何人、任何企業，事實上，也不可交給政府的任何分處，包括國會跟美國財政部。因此，在目前的體制裡，美國政府要增加支出時，不能隨意調快印刷機的速度來製造額外的貨幣。國會必須透過稅收或借款來籌措需要的每一塊美元。

這是國會給自己的制約，在立法成立聯準會時，將創造貨幣的能力授權給聯準會。別忘了，聯準會控制貨幣的權力並非天生注定——這是美國國會一百多年前的選擇。因此，未來的國會也可以輕易移除這個制約，收回創造貨幣的權力，或制定創造貨幣的新體制。

美國和大多數國家的政府都給自己這樣的限制，將製幣的主權委派給中央銀行，因為少了這種制約，可能會發生災難。政府若有權直接製造貨幣，支出有可能失控，而且貨幣創造太多後也會貶值。

究竟為什麼會這樣？與其提高稅金（至少可以說大家都不喜歡）或借款（很難，也可能很貴），國家政府只要創造貨幣就可以支付新方案或發展中方案的成本，尤其是能維護政府權力的方案。創造更多的貨幣，會引起通貨膨脹，方案的成本也會提高。如此一來，政府又創造更多貨幣來支付愈來愈貴的方案。但通貨膨脹也跟著上升，那麼政府又要創造更大量的貨幣。這會導致通貨膨脹的速率持續加快，叫作「惡性通貨膨脹」，最後讓國家的貨幣體系崩潰瓦解。

舉例來說，在一九二〇年代，德國的韋瑪（Weimar）政府創造了大量的新貨幣，據說人民乾脆在家把錢當柴燒，去買一條麵包，得推一車的錢過去。還有人說，等餐廳的帳單送到，食物已經比點菜的時候更貴了。第二次世界大戰結束後出現了史上最糟的一次惡性通貨膨脹，匈牙利的物價上漲來到每月百分之四一九〇〇兆，導致匈牙利流通中通貨的總值還不到一分美元。[3]最近的案例則是辛巴威，當地政府印製了一百兆的紙鈔（在本書寫作之時，eBay上的價格約為十美元），通貨膨脹來到每月百分之七九六億。貨幣用這種方式失去價值的時候，有可能出現各種結果，或許在辛巴威只是經濟崩潰，而在德國卻是大量死亡，以及對世界文明帶來嚴重威脅。

聯準會確實執行創造貨幣及增加貨幣供給的特權時，大家常說聯準會在「印鈔票」。我贊成簡化，但不要過度簡化。你或許已經知道了，光是印製通貨，並不會增加貨幣供給。新印出來的通貨可能就放在上了鎖並守衛嚴密的政府金庫裡，誰都不能（合法）花用。除非新印製的通貨真的到了可以花費的人手裡，不然新的貨幣無法為任何人創造購買力、不會衝擊經濟，也不實用，就是一疊綠色的紙。我們已經討論過，新通貨甚至稱不上「貨幣」，除非開始「流通」。

那麼，貨幣怎麼出來，到外面流通？透過銀行借貸。銀行借貸時，會用上全新的貨幣。銀行要借出貸款時，不會把我們的活期帳戶記入借方，也不會要我們把自己的錢交出去。它們會憑空創造要借出去的貨幣。借方拿到這些新創造的美元或許是通貨（有需要的話，聯準會會提供給銀行，再提供給借方），或許是借方活期帳戶裡的帳面餘額，不論如何，貨幣供給都增加了這筆貸款的全額。經濟學家常說：借出去的新貨幣就變成了真的貨幣。

聯準會透過銀行改變貨幣供給的這個體制叫作「部分準備金制度」。基本上，把錢存進銀行時，銀行只留下那筆錢的「部分」當作「準備金」——其餘的可以借出去。銀行把存款留下當成準備金的「部分」有多大，則由銀行決定（本書寫作時的現況）。在二〇二〇年以前，銀行必須留下存款總額的至少一〇%當作準備金。因此，舉例來說，如果你存了一千美元到活期帳戶裡，銀行可以留下一百當成準備金，把剩下的九百借出去。你的一千塊還在，隨時想花都可以花。但由於銀行借款給某個人，現在借方也有九百的新貨幣可以花。貨幣供給增加了九百美元（之前的一千美元，透過銀行體制的魔法，借貸後有了一千九百美元）。

此刻，你可能會覺得，這聽起來像是幾個世紀前不老實銀行家的手段——把民眾的存款借出去，好讓自己獲利——你想的也沒錯。然而，銀行體制已經有了兩項重要的改善。

第一，今日的銀行家受到重重管制，確保他們「平安無事」、有足夠的準備金，而且準備金僅限於用來借貸給別人。借方償還貸款後，錢就回到銀行的準備金裡，可以用於新的貸款，也僅限於新貸款。可以把銀行準備金想成貸款池，持續借出、償還，然後再借出給形形色色的借方。如果聯準會認定銀行的準備金餘額不恰當，可以要求銀行增加準備金，或縮減借款。

第二，現在不像銀行業剛開始的時候，銀行擠兌的可能性已經大幅降低。早期的銀行家碰到提款超過儲備裡的貴金屬，銀行就會倒閉，銀行家也得趕快逃命。現在不可能有這種事。為什麼？FDIC保險。FDIC是聯邦存款保險公司（The Federal Deposit Insurance Corporation）的縮寫，隸屬聯邦政府，為美國銀行的存款提供每個帳戶最高二十五萬美元的保險。因此，在極度不可能的情況下，存款人有天決定提的款項超過了銀行的準備金，銀行就會倒閉，但FDIC會介入，確保大多數的存款人能拿回全部的錢。光是有保險，銀行就不太可能倒閉了。即使銀行破產了，你知道自己能把錢拿出來，又何必急忙跑去分行提款呢？*

雖然這個過程聽起來很複雜，但大多數國家都用這樣的模式創造貨幣。諾貝爾獎得主、經濟學家米爾頓．傅利曼發表過很有名的討論，要用更簡單的方法來增加貨幣供給，他稱之為「直升機撒錢」（helicopter money）。他特別寫到印製通貨，然後從直升機上撒下來。大家會搶著撿，那麼貨幣

* 此外，聯準會可以直接借款給有需要的銀行。這是給存款人的另一道保障，因為聯準會當然可以這麼做來避免重大的金融中斷。

供給（流通中通貨）就增加了。我假設他的例子是個隱喻，並不是真的要把錢那樣丟到別人身上——郵寄更有順序吧。然而，他的例子確實突顯了兩個重點。第一，除了銀行借款，還有其他增加貨幣的方法。第二，貨幣是憑空創造（在他的例子裡，也在空中發送）。

創造貨幣的受益者是誰？

新通貨印製出來，從直升機上撒給民眾（或者為避免混亂，用寄的比較好），就可以看到受益者是誰，有什麼益處。如果像一九二〇年代的德國政府，通貨一印出來就拿去花掉的話，也很容易看到貨幣去了哪裡。這些增加貨幣供給的替代體制（也簡化了）有什麼共同點——政府決定誰可以拿到新貨幣，變得有錢，還有時機——一個很容易被濫用或變質的體制，就像前面討論過的，現在也不普遍。

那麼，銀行創造新貨幣，借款出去的時候，誰變得更富裕了？不是借方，因為他們必須把錢償還給銀行（加上利息）。他們或許心存感激，靠著貸款得益，但他們並沒有變有錢。這筆交易的另一方才會獲益，也就是銀行。不巧的是，它們得利的方式並不明顯，不像大家瘋撿直升機撒下來的現金。

記著，銀行只能為借貸創造貨幣——不能為其他目的創造貨幣。貸款創造出的貨幣並不像透支時銀行收取的二十塊美元手續費。那筆手續費跟其他銀行的費用一樣，是銀行的收入，可以用於高額獎金、遊說議員，或在大城市裡租用過大的空間。貸款創造出的新貨幣會到借方手上。然而，貸款的利息確實有點像那二十塊的透支費用。銀行賺的貸款利息不論多少，都是銀行的收入——也就是銀行在這個貨幣創造的體制中得到的利益。這就是銀行賺錢的方式——透過對貸款收取的利息，增加貨幣供給並讓自己獲利。

事實上，銀行從新貨幣得到的利益低於貸款的利息，因為銀行必須用一部分的利息來支付存款的利息。然而，你如果同時有未付貸款（例如信用卡的卡債）和銀行裡的存款，就知道貸款收取的利率跟付給存款的利息很不一樣。那種差異是銀行家口中的「存放利差」，也是銀行的重要利潤來源。你可以把這筆錢想成銀行收的費用，幫存款人的資金找到匹配的借方。

銀行在貨幣體系中顯然扮演很重要的角色，問題又來了：它們有好好扮演那個角色嗎？尤其是銀行怎麼用它們的權力來決定誰能借貸、借多少錢、貸款的條款是什麼？還有怎麼決定要付給存款人多少錢，以及要收取多少費用？銀行的決定對公平、公正和機會都有錯綜複雜的影響。

一般來說，銀行的決策者並無法代表一般大眾，性別或種族不具代表性，收入和經濟角度亦然（後者是因為這些人的薪資遠遠超出平均值）。他們可以設想特定族群的信用等級、吸引存款人的有利條件，以及某些領域的放款。

例如，多年來住在少數族裔區域都是「拒貸區」，這些鄰區的人申請不動產抵押貸款幾乎都會失敗。儘管這種做法在一九六〇年代被宣布為不合法，但這些社區已經出現低度投資的效應，造成衰敗和萎縮。也讓很多遭到邊緣化的人無法透過第二次世界大戰後的房價暴漲來拉高房屋淨值。這些效應和它們造成的巨大貧富差距現在變得非常明顯。

放大銀行的客群會損害利潤嗎？以銀行業的客層來說，這個產業應該無法回答前面的問題。儘管如此，由於政府要發給銀行執照，政府可以堅持發照的條件是銀行放寬它們的使命，廣納各種顧客。確實做到的話，我們可以看到更健全的銀行業務對資源不足的人口有什麼效應，也可以看到這些額外服務對銀行利潤的影響。我們（包含我們之間的銀行家）說不定會很欣喜。

最後，不論你覺得銀行體系給你的服務好還是不好，還是會納悶這個透過銀行借款創造貨幣的體制對你和經濟有哪些普遍的效應。這個體系如何影響我們的生活，以及我們應變經濟低迷的能力，會在下一章討論。

現在可以先放下一顆心，因為你知道聯準會這個算是獨立的機構負責調節貨幣供給，而「貪婪的銀行家」或政府官員不能隨便創造新貨幣放進自己的口袋。在此刻，不論你感受到什麼樣的舒適度，下一段我們討論過聯準會究竟如何控制貨幣量及對經濟有什麼影響後，你的感覺可能就變了。

聯準會如何改變貨幣量？

銀行家很想把錢借出去，因為貸款賺得的利息能用來支付他們欠存款人的利息，自己也能獲利。聯準會可以用工具影響銀行借款的積極度，進而影響創造出的新貨幣量。

聯準會在二〇〇八年末加了新工具，來影響借款和貨幣創造——開始支付少量利息給銀行的準備金帳戶。之前，銀行不論放多少準備金在聯準會，都沒有利息。道理是，如果銀行從準備金收到的利息變多，就更不想提出這些準備金來借款給別人。同樣地，如果銀行的準備金沒有利息，或利息變少，就更想把準備金變成貸款。聯準會可以設定這個利率，在本書寫作時，只有〇．一五%。你可以評估自己是否願意因為銀行支付的利息而把錢留在銀行帳戶裡，就可以了解聯準會怎麼用這項工具來影響銀行把準備金轉成借貸的意願。

但是，聯準會長久以來影響借款的習慣做法就是直接改變銀行的準備金。增加銀行準備金，很有可能提高借款和貨幣創造。同樣地，減少銀行準備金，就有可能減少借款和貨幣創造。聯準會用什麼方法增加銀行的準備金？從銀行買債務就可以。我用下面的例子來說明這個做法。

假設花旗銀行把準備金幾乎都借出去了。花旗銀行如何展示它借出的所有貸款？一堆借方的債務——包括從花旗銀行借款的民眾、企業和政府。好，現在假設聯準會向花旗銀行買了這筆債務的中的五十億美元。花旗銀行的準備金帳戶帳面上就多了這五十億的買價。花旗銀行現在的準備金多了五十億，因此會拿到更高的利息，也能借出新的貸款，所以也會創造新貨幣。

聯準會從哪裡拿到五十億美元，來買這筆債務？變出來的（別忘了，我們現在花的都是法定貨幣——政府憑空生出來的錢，具體由中央銀行執行，私人銀行從旁協助，例如花旗銀行）。聯準會從花旗銀行拿走五十億的債務，「付款」的方式則是在電腦上將花旗銀行準備金帳戶的餘額增加五十億。

「公開市場操作」（open market operations）指聯準會從銀行買債（和賣出）的特定過程，因為聯準會這類的操作也在其他機構買賣債務的同一個「公開市場」上。這些操作並非在聯準會華盛頓特區的總部進行，而是在美國的金融首都，也就是紐約市。紐約的聯邦準備銀行是十二家區域性準備銀行中的一家，總部位於曼哈頓下城，外型像文藝復興時代的皇宮（可以入內參觀，我也建議一定要去，並參加他們安排好的導覽）。

聯準會買的特定債務通常是美國政府的債券，買的方法就跟政府債券的買家一樣：試著買到銀行會賣出的最低價格。聯準會用這個方法買了好幾兆美元的債券，二〇二一年十二月的價值超過八兆美元。[4] 聯準會靠著這些債券，用收的利息當作營運資金。超過支出的數額則轉交給美國財政部，跟稅款一樣變成政府的收入。二〇二〇年，聯準會交給美國政府的款項為八百八十五億美元。[5]

如果聯準會正在大買債券（之前的兩個例子是二〇〇八年的經濟大衰退之後，以及二〇二〇年三月新冠肺炎大流行後），*銀行準備金就會大幅成長。準備金成長的話，銀行就更想把錢借出去。為什麼？因為正如之前的討論，把錢借出去，銀行賺了利息，才有利潤。但銀行必須做一件事才能讓更多人來借錢：需要降低貸款的利率。

利率是貸款的成本，就像飛機票價是搭飛機旅行的成本。如果政府突然給每家航空公司好幾架新飛機，航空公司就要降低票價，願意搭飛機的人才會變多。航空公司只有這個方法可以吸引更多的旅客、坐滿新飛機，以及賺取利潤。同樣地，聯準會增加銀行準備金的時候，銀行就得降低利率，讓更多人來借錢。

聯準會也可以逆轉上述過程，減少銀行準備金。聯準會可以把債券賣給銀行，從銀行的準備金帳戶減去債券的價格。聯準會從銀行準備金帳戶減去的準備金就這樣消失。降低銀行的準備金，銀行的貸款能力也會降低。準備金降低後，如果那天有顧客來申請貸款，銀行並不會告訴客戶它們用光了借貸所需的準備金，提高利率就好，把貸款的需求降低到它們可以容納的量。因此，利率上升，貸款變少，創造的貨幣也變少。就實際面來看，聯準會減少貨幣供給的方式就是把投資組合裡的債券放到到期（也就是說，債券積欠的本金到了設定的期限）。然後接受債券發行機構送回的本金，償還額就消失了。

這就是聯準會改變貨幣供給的方法，就能「設定」利率。設定利率的方法跟政府設定稅率的方法不一樣。利率由市場來決定，也就像大多數東西決定價格的方式。如果貸方的數目超過借方，利率會下降，如果借方的數目超過貸方，利率會上揚。

尤其要注意，聯準會對某個特別重要的利率有目標範圍（通常是〇．二五％的範圍）——「聯邦基金利率」（federal funds rate，聯邦基金利率的目標範圍在本書於二〇二二年初寫作之時來到歷史新低，介於〇％到〇．二五％，不過聯準會宣布計畫之後在二〇二二年會升息數次）。如果聯邦基金利率超出這個範圍，聯準會可以透過公開市場操作買賣銀行債券，把利率推回範圍內。就

＊ 聯準會通常會透過公開市場操作購買美國財政部發行、五年內到期的債券。在經濟大衰退以後，聯準會採取「量化寬鬆」，意思是開始買入債券的範圍更廣了，包括其他實體發行、期限更長的債券。

像之前討論過的，聯準會也可以改變付給銀行準備金帳戶的利率，進而影響銀行借款和聯邦基金利率。

什麼是聯邦基金利率？那是銀行間對隔夜拆款收取的利率。例如，銀行可能借出去太多錢了。便可以從另一家銀行借用準備金，付出的利率等於那筆貸款的聯邦基金利率。

這個聽起來晦澀難懂的利率好像跟大多數人沒有關係。然而，它會影響所有其他的利率，例如你家的房貸、你的信用卡餘額，以及為了創業而借貸的款項。聯邦基金利率適用的貸款基本上沒有風險（例如給銀行的隔夜拆款）。因此設定了其他貸款利率的底限。其他貸款的利率高出多少，則取決於借方的信用等級、資金被綁住的期間、貸款的目的，及許多其他因素。

你可以把特定貸款的利率想成特定車輛的保險費。在完美社區裡的完美駕駛如果有完美的車子，保險公司會給予基本價格。在真實世界裡的真人則要付比較高的保險費。他們要付因為各種理由而提告的基本價格，例如不良駕駛紀錄、之前的保險索賠、住在犯罪率高的區域，或車型是跑車。

如果是貸款，那個基本價格就是聯邦基金利率。貸款的真實利率則是提高的基本利率，來補償貸款人特定借方與特定貸款有關的風險。有時候，額外的風險很小，比方說借方是蘋果電腦公司，貸款的利率就接近聯邦基金利率。有時候，額外的風險很高，比方說高利貸金主把錢借給賭徒，貸款的利率就高過聯邦基金利率。

聯邦基金利率下降時，所有的利率一般也會下降，民眾借的錢變多，銀行創造更多的貨幣。聯邦基金利率升高時，所有的利率通常也會升高，民眾減少借款，銀行創造的貨幣變少。改變利率會如何影響經濟，在衰退時發揮效用（你或許已經想到這件事了），則是下一章的主題。

第十二章

貨幣政策：聯準會如何對抗經濟低迷？

自一九一三年創立以來，聯準會便自稱「獨立」機構，由無私的公務員營運，目的在於透過貨幣政策「微調」經濟。但在實際上，政治中立的政府機構很有可能只是雷聲大雨點小。

——湯瑪斯・迪羅倫佐（Thomas DiLorenzo），馬里蘭洛約拉大學塞林格商學院經濟學教授

改變貨幣量會對經濟造成什麼影響？

討論通貨膨脹時，我用拍賣會來比喻國家的經濟，競拍人都有一筆玩具「美鈔」來買展示的物品。如果玩具美鈔的數目增加，但販售的物品沒有增加，與會者要競標，付更多錢買每一項物品。

金融經濟的變化（貨幣量增加）只會影響金融經濟（導致通貨膨脹）——不會影響實質經濟（可出

售的商品量）。

現在，假設增加玩具美鈔的數目後，拍賣會銷售的商品數目也因此增加。這完完全全就是經濟產能不足時的情況，比方說碰到了衰退，新貨幣也創造出來了。金融經濟會衝擊實質經濟：更多的貨幣帶來更多的商品及服務。用什麼方法？

這個問題跟本書許多的問題一樣，可以在心理學的領域中找到答案。貨幣變多，民眾變得更樂觀，更有希望。他們更在意皮夾裡的現金和銀行帳戶裡的餘額，不太在意（其實是根本不在意）本書中在金融經濟和實質經濟之間做出的區別。企業老闆很樂觀，相信自己可以賺錢（有些人會說他們貪念高漲），開始讓失業的勞工回到工作崗位、未全速運轉的工廠回歸充分利用、閒置的資源返回生產。更多的貨幣開始流動，鼓勵消費者花錢買新生產出來的東西。總結一下，這就是聯準會參與「貨幣政策」的方式。

這個過程很費解，而在衰退時創造更多的貨幣，以便創造更多的經濟活動，或許是直覺上比較容易看到的想法，不過我們可以舉幾個例子讓大家深入了解發生了什麼事。

如果我想增建我家的房子，而且房屋淨值貸款的利率下降，我很有可能去借錢來增建房屋。如果公司想建新工廠，建築貸款的利率也下降了，很有可能營造計畫有利潤，建造工廠的可能性也提高了。在這兩個例子中，因為聯準會鼓勵銀行把準備金借出去，利率下降後就增加了真實的經濟活動。

然而，這只是新貨幣創造出來後的第一輪經濟活動。屋主雇用建築師、承包商跟幾名勞工來增建房屋，他們又花掉了不少屋主支付的錢。勞工可能會去餐廳吃飯、買新衣服、多花一點錢度假，或也打算增建自家的房屋。同樣地，公司會雇各種行業的人來建造和營運工廠，而這些人也會拿這筆錢去買各種東西。

因此，一開始那筆銀行貸款帶來的新支出激發更多輪的經濟活動。增建房屋的勞工去餐廳吃飯，餐廳老闆看到收入增加，也會把那筆錢花掉一點。相繼的每一輪支出都比前一輪少一點，因為民眾不會把所有賺來的錢都花出去——會存一點起來。儘管如此，支出和經濟產出增加的總量可能是原本那筆貸款的好幾倍。我們討論過出口賺到的錢有「乘數」效果，這是另一個例子——支出的總變化是初始支出的「倍數」，而這裡的初始支出則來自銀行的貸款。

增加的借款帶來增加的支出，再帶來增加的收入。收入升高時，會發生什麼事？我們會投資，還會花更多錢。投資跟支出增加後，會發生什麼事？收入繼續升高。第十章討論過經濟低迷時的淒慘現象，這正是對比的樂觀現象。在這個情況下，支出和收入升高，經濟進入成長期。稱之為「良性循環」的話就誇張了，但確實跟衰退的惡性循環相反。

用這個方法刺激經濟活動，叫作「擴張性貨幣政策」。聯準會用我們在前一章討論過的誘因來鼓勵銀行借款。銀行因此降低利率，以便借更多貸款出去，藉此刺激支出和經濟。這個過程很複雜，但在大多數人心中只是「降低利率」，因為那是擴張性貨幣政策的焦點，也是推動經濟活動的機制聚焦所在。＊為什麼聯準會不繼續把更多的貨幣注入經濟，為更偉大的經濟活動提供燃料？這個行為會確保聯準會達到雙重使命的一部分：盡量提高就業率。但是，我想大家都知道了，聯準會會因此無法達成雙重使命的另一半：穩定物價。

在某一刻，幾乎所有想要工作又能勝任工作的人都有工作，經濟營運回到滿載。那還會有人失業嗎？當然有。即使景氣很好，有些人沒有留住工作的技能、有些人正在換工作，或堅持要等更好的機會。一旦衰退結束，基本上想要工作又有工作能力的每個人都有至少幾個工作機會，貨幣變多，支出升高，卻不會帶來更多的工作和產出。經濟營運來到滿載，更多的貨幣只會帶來通貨膨脹——貨幣量會增加，但產出量不會。

碰到經濟熱度增加，通貨膨脹開始加速（太多貨幣追趕著太少的商品），聯準會可以逆轉衰退時的手段：減少貨幣供給。減少貨幣，就會降低通貨膨脹。這項行動叫作「緊縮性貨幣政策」，與「擴張性貨幣政策」相反。大多數人把緊縮性貨幣政策稱為「調升利率」，因為政策的目標就是升高利率。

* 利率接近於零的時候，或像某些歐洲國家乾脆把利率降到比零略低，就不能考慮用降低利率來刺激經濟。借款成本已經夠低了，沒有進一步降低的空間，因此無法鼓勵借款（利率不能低於零太多，不然民眾會完全停止借錢，把現金都存在家裡）。經濟學家稱之為「零利率下限」問題，會導致貨幣政策無法有效對抗經濟低迷。

聯準會如何決定貨幣政策？

聯準會覺得經濟需要推一把的時候，會採用擴張性貨幣政策。聯準會怎麼知道經濟需要推一把？有時候很清楚，例如經濟開始衰退。在很多狀況下並沒有那麼明顯，經濟看似不錯，但低迷已經逼近（或有些人覺得好像逼近了）。聯準會會檢查各種資料，包括支出、收入、庫存變化、借款活動、資產價格、企業利潤、營造活動，以及能看到經濟走向的線索，幾乎無所不包。*

即使這個過程非常複雜，評估經濟是否表現低於真實的潛力，或表現即將低於真實的潛力，就真的是藝術，而不是科學。很久很久以前，在我念大學的時候，我們學到聯準會只要想讓失業率低於六％，就一定會加速通貨膨脹。理論是，既然在旁觀望、準備好在那一刻到職的勞工太少，想要刺激經濟，只需要持續增加貨幣供給，導致通貨膨脹持續上升。然而，在新冠疫情開始前的幾年，平均失業率都遠遠低於六％，也沒有通貨膨脹增加的徵兆。我學到了一課，給出精確數字的數學模型或許對科學來說很有用，但在預測經濟驅動力的因素時，顯然實用性就降低了；那個因素就是人類行為。

聯準會採取緊縮性貨幣政策以降低經濟熱度前，要先決定能容忍的通貨膨脹程度，這時也會面臨類似的問題。當前的目標是每年平均二％。為什麼是二％，不是〇％？因為物價慢慢增加，會刺激消費，保持經濟強健。例如，如果新車的價格每年都會上升二％，而不是保持不變，少數人會因此趕快買車，不再觀望。通貨膨脹變高，也會拉抬利率，讓聯準會更有空間，在有需要的時候可以調降利率。因此，少量的通貨膨脹可以幫聯準會實現提高就業率的目標，同時保持物價相對來說仍算平穩。

把通貨膨脹的目標設在平均每年二%，聽起來好像很客觀，但是聯準會想達成目標的時間及該採取的行動卻非常主觀。也就是說，如果通貨膨脹遠低於目標，但聯準會覺得不久之後（或一段時間後）有可能平均值超過二%的話，可能就會採取緊縮性貨幣政策——但也有可能不會。如果讀者覺得聯準會有很高的裁量權，執行職責時要面對很多不確定性，表示我對這個過程的描述還算清楚。

最近則是在二〇一八年，聯準會採行緊縮性貨幣政策——提高利率。通貨膨脹已經低於二%的目標，但聯準會擔心無法保持。提高利率會導致某些勞工失業，聯準會的恐懼就表示應該降低經濟熱度嗎？而沒有失業的勞工人數要多出許多，對他們有什麼效應？能替換的工作變少了，經濟活動趨緩，勞工更難有加薪的機會跟提升自己的經濟階級。因為聯準會的決策者擔心通貨膨脹的速率，就犧牲工作和經濟機會，公平嗎？教授說，通貨膨脹不加快，失業率就不會低於六%，如果我們相信教授說的話，就可能永遠不會把失業率推到三．五%以下（那是新冠疫情前的數字）、增加產出

＊ 聯準會的聯邦公開市場委員會（Federal Open Market Committee）負責管理這個過程。委員會有十二位成員——七位聯準會理事、紐約聯邦準備銀行的總裁，以及其餘十一家聯邦準備銀行總裁中的四位（他們會輪替，任期一年）。

及提供工作和機會給數百萬美國人。

在一九五〇年代和一九六〇年代擔任聯準會主席的威廉·麥克切斯尼·馬丁（William McChesney Martin）提過，決策非常困難，他們必須決定利率要調降多少來解除經濟的不景氣，但又不能調降太多免得引發通貨膨脹。他說聯準會的工作等於在派對一開始就把雞尾酒缸拿走。如果你辦過派對，而且後來失控了，你才會知道，要等到雞尾酒缸拿出來放了過長的時間，才會看到收起來的時機。

聯準會要負責管理經濟活動的程度，對每一名美國人都有深遠的影響。做出這些判斷時，用了最好的方法嗎？德州眾議員朗·保羅（Ron Paul）大力鼓吹「終結聯準會」，我們該同意嗎？

終結聯準會？

溫斯頓·邱吉爾（Winston Churchill）說過，民主是最糟糕的政體，但比其他的形式都更好一點。我覺得聯準會也適用這個說法。實驗了數百年，也體驗了許多錯誤，我們才走到今天這一步，大多數國家跟美國一樣，將貨幣供給的控制權委派給中央銀行。實施金本位時，我們將這個重要功能連結到一堆貴金屬的大小，來控制貨幣供給，現在我們拿回了這個控制權。我們並未把貨幣供給委派給民營銀行，即使發行了虛擬貨幣，也不讓匿名網路技客插手。這些方法都會限制國家的能力，無法回應經濟低迷，保住民眾的工作和購買力。在一些理論模型裡，或許這些方法行得通，但在混亂的真實世界裡，只會約束經濟政策，迫使我們看著大眾受苦卻無能為力。

相反地，政府設立了獨立的實體，由具備經濟、金融和銀行經驗的人來監督。聯準會對貨幣供給的控制（進而控制了利率）隨著時間過去，減少了經濟循環中的擺動。在降低經濟低迷上提供助力，紓緩經濟低迷對許多人帶來的真實痛苦。

然而，要擴張或緊縮經濟活動時，負責判斷的人卻不能代表社會大眾，或許跟一般人的接觸也不多。聯準會的理事由美國總統選出，再由參議院確認，在聯準會還有數目更多的一群人協助決策及實施政策，他們跟區域性準備銀行的看法應該跟大多數勞工階級不一樣。許多美國人辛苦工作來付帳單、隨時有可能工作不保（因為大多數人不像聯準會理事有十四年的工作合約），還要擔心各種可能讓他們破產的事件。

在本書寫作之時，四位聯準會理事（有三個空缺）中有三位是共和黨員（包括主席在內），另一位是民主黨員，都在金融業擔任重要的高層人員。一邊選擇冒著通貨膨脹的風險，另一邊選擇放慢經濟的步調，讓數百萬名的勞工階級遭受經濟痛苦，我不知道這些人做出的選擇和一般美國人會不會一樣。

大多數人或許會關心美國總統選出的大法官，但沒那麼注意他選的聯準會理事。除了金融業以外，因為這個產業會密切注意理事人選、提供大多數的候選人，並在他們就職後維持密切聯繫。我們要認清，聯準會理事對美國經濟有重大的影響，就像最高法院的大法官會影響我們的公民權。因此，我們應該要關心誰會被指派進聯準會，就像我們在乎誰被指派到最高法院跟誰能坐進白宮並指派這些職位。

現在來看看另一項用來對抗經濟低迷的重要工具：財政政策。

第十三章

財政政策：政府支出跟賦稅政策怎麼能對抗經濟低迷？

約翰．梅納德．凱因斯倡導在衰退之中要支出政府的錢，但他的貢獻不僅止於此。每個政府都用過這個方法，而且可以追溯到愛爾蘭大饑荒的時代。他給我們一個方法，去思考政府支出的重要性和維度。

——保羅．薩繆爾森，經濟學家、諾貝爾獎得主

對抗衰退時，政府扮演什麼角色？

我們在前一章討論過，聯準會的角色採用擴張性貨幣政策，來促進經濟成長，回應實際或有可能發生的經濟低迷——這種政策的結果是降低利率，進而鼓勵借款和支出。然而，在衰退時，我們

都會減少支出。衰退時幾乎所有的東西都會降低成本，所以更低的貸款成本或許吸引不到新的顧客。此外，衰退變得愈來愈嚴重的話，較低的貸款成本就更不可能刺激新的借款和支出。聯準會並無法提供經濟需要的東西——大幅增加商品及服務的實際花費。消費者不花錢，企業不花錢，花費和推動經濟前進就是美國政府的工作（國會和總統）。

然而，在一九三〇年代以前，大多數經濟學家眼中的經濟循環都跟我們眼中的天氣一樣：好好壞壞，我們能影響的幅度也不大。他們相信市場在「自我修正」，「總有一天」低迷的經濟會自動回歸到某種正常的活動等級。具體來說，他們認為經濟不景氣最後會讓失業的勞工繼續降低他們要求的工資，直到工廠和工作場所閒置的雇主願意重新雇用他們。即使到了今天，仍有一些人跟極少數的經濟學家反對政府採取行動來幫助經濟。他們的想法是「你得靠自己」經濟學。

「你得靠自己」經濟學的信徒把焦點放在雇主降低的費用上，但忘了雇主帳簿另一邊的東西。如果雇主的產品或服務需求不高，不論薪資降到多低，他們仍沒有興趣提高產能跟雇用新的員工。

你或許會納悶，這些早期的經濟學家為何沒發覺製造者不會生產消費者不買的東西。他們幾乎每個人都享有專門的特權，來自富裕的家庭或在大學任教（或兩者皆是），因此影響大多數勞工的低迷傷害不了他們，可能因此對這個問題視而不見。其中一位是經濟學家約翰・梅納德・凱因斯，他在一九三〇年代早期公開表示反對的意見。許多人因為經濟大蕭條而經歷真實的痛苦，他認為政府需要回應。即使其他人都預言總有一天一切都會沒事，但他並沒有放鬆，就像前面的引言說，「總有一天我們都會死。」

什麼都不做，只等著衰退結束，除了失業率和收入降低的痛苦，還要付出很多成本。被解雇的勞工逐漸失去技能，在衰退結束時回到舊有職位的機會也漸漸消失。衰退流連得愈久，這些人永遠回不到就業市場的機率就愈高，尤其是年紀已經大了的人，或工作經歷不是那麼完美的人。勞力市場的新進者沒辦法開始磨練技能，增進生產力。在經濟蕭條時進入勞力市場的人跟在經濟繁盛時開始工作的人相比，不光第一份工作的薪水比較低，可能一輩子的薪水都比不上他們。最後，持續低迷會拉抬現存的社會矛盾，讓人們充滿怨氣，不願意積極與其他人攜手合作。

支出降低後，收入也降低，而政府握有打破這個循環的關鍵。在衰退中，消費者和企業後退時，如果政府不向前，惡性循環就停不下來了。政府基本上是最後支出人。

政府在衰退中應如何支出，則要看經濟一開始時為何會低迷。我們之前討論過，像是經濟大蕭條和二〇〇八年的經濟大衰退，低迷多半來自「需求衝擊」，民眾的支出突然降低。而像新冠疫情帶來的低迷則來自「供給衝擊」，減少經濟生產能力的實質衝擊。在接下來的幾頁，我們會分別討論政府應對這些衝擊的最佳回應。

政府該如何回應需求衝擊造成的衰退？

約翰．梅納德．凱因斯提議政府可以補救消費者和企業支出降低造成的低迷，歷史學家常說他是這方面的功臣。他的想法並非完全原創，不過跟很多名人一樣，他廣傳這些想法，在真實世界上推動實施，因此算是他的功勞。凱因斯主張政府增加支出，並（或）降低稅率，推動經濟再度前進。政府稅收和支出政策叫作「財政政策」。增加支出和（或）減少稅收來對抗衰退，叫作「財政政策刺激」，或簡稱「刺激」。

這為什麼能幫助經濟？民營企業花的每一塊新美元會變成某人收入的一塊新美元，同樣地，政府或剛得到減稅的人花的每一塊新美元也會讓某個人的收入增加一塊新美元。民眾收入增加後，會發生什麼事？他們會花更多錢。他們的支出增加後，會發生什麼事？他們的收入又增加了（現在，你是這個現象的專家了）。經濟陰霾一掃而空，經濟進入新的成長階段，就像一個人找到新工作，收入變高，而擺脫了陰鬱的心情。

在衰退中，新支出和（或）減稅有時候其實會自動出現，還好不會被國會在反應問題時的效率和建設性拖累。*具體來說，在衰退時，政府對現存方案的支出會增加，例如失業保險、食物券、健康保險補貼和其他福利方案，因為這時有更多人符合這些方案之前制定的資格，可以收到給付。此外，民眾要付的稅款也變少了，因為他們失業或收入變少。在政府官員或其他人還沒察覺到經濟衰退前，這些「自動穩定機制」可能就啟動了。因此，不僅能幫助遇到困難的人，也能幫助所有人，因為這些機制有助於穩定整體經濟。經濟狀況有困難的人收到財務協助的時候，他們會馬上把錢花掉，因此能立刻支撐起工作和企業。

參議員伯尼·桑德斯（Bernie Sanders）和幾位政治人物提出了更有力的自動穩定機制：保障的政府工作。這些政府工作在衰退時會增加，應付成群來到的人潮，在經濟情況改善時會減少，群眾也回到民營企業。做這些工作的人可以幫忙修復美國老化的基礎建設、改善貧窮地區的教育機會、援助愈來愈高的長者照護需求，讓美國變得更乾淨、更環保。與其讓民眾繼續失業，不如讓他們做這些新工作，對經濟也有助益。這種方案可能所費不貲，但是擔憂政府在經濟衰退期的支出，就像家裡失火了還在擔心水費帳單會很貴。

政府要注入多少錢來刺激經濟，是個很難回答的問題，經濟學家也答不出來。你現在應該也猜得到這個問題為什麼會這麼難，因為經濟的驅動力多半來自心理學。政府要支出多少錢才能破除陰霾，讓人恢復樂觀，也很難估計。你可以設想一個灰心的朋友要碰到多少好事才能回復到原本的狀態，然後你會明白，真的很難確切估計需要多少刺激才能讓經濟回到正軌。最好的方法就是增加支出、減稅、密切注意經濟的狀態，並按需要調整。

在低迷時需要給予多少刺激，可以用經濟大蕭條的反應來說明這個決策的難度。在一九三〇年代碰到經濟低迷時，美國政府的應對方式是花大錢進行「羅斯福新政」——為美國農村提供電力、更新道路、透過「工作改進組織」（Works Progress Administration）創造藝術作品，以及在全國各地建造基礎建設，例如胡佛水壩（Hoover Dam）及亨利哈德遜公園大道（Henry Hudson

* 國會回應經濟低迷的效率總結在頭條新聞「聯準會主席認為低迷已經結束；議院通過復甦法案」（Fed Chief Sees Decline Over; House Passes Recovery Bill）裡，於二〇〇二年三月八日刊在《紐約時報》。

Parkway）。然而，等美國加入第二次世界大戰，經濟才真的起飛，導致有些人做出有問題的結論，認為戰爭對經濟有利。

事實上，戰爭對經濟一點好處也沒有，也會危害經濟要支持的人類生活。戰爭奪走人命、毀壞基礎建設，並將生產力從人們需要的東西轉向贏得戰爭所需的物品。美國加入第二次世界大戰後經濟起飛，只因為納粹對無數的生命造成威脅，加快了政府的作為。美國政府因此支出的費用是和平時期料想不到的高額。政府花錢買的作戰武器對消費者來說一點用也沒有，但受雇製造武器的勞工賺的錢對消費者就有增益。這些勞工把賺來的錢花掉，增加收入和支出，讓經濟回到成長的路徑上。

在經濟低迷的時候，還好我們多半不需要應對重大的威脅，例如打贏戰爭。因此，我們可以選擇花費刺激經費和（或）減稅的方式。這些選項是下兩節的主題。

給高收入者的刺激對比給低收入者的刺激

把錢放進低收入或失業者的口袋裡，跟發給富人比起來，是更快見效的經濟刺激。前面討論過，低收入者很有可能把多餘的錢花掉，尤其是經濟有困難的人，直接促進經濟。羅斯福新政的計畫雇用大量勞工（很多人本來失業了）來建造公園、道路和其他公共設施，就是完美的範例，刺激支出直接進入經濟。回顧既往，羅斯福新政的計畫唯一的遺憾是什麼？不夠大，不夠有野心，無法終結嚴重的經濟低迷。

二〇〇八年，美國政府在回應經濟大衰退時，將數千億的刺激支出幾乎都用在銀行和金融機構上，而不是快繳不出貸款的屋主。如果政府的救援焦點是屋主，那些面臨驅趕的屋主和因為空屋而受害的社區都可以避掉不少的痛苦。此外，花在屋主身上的支出可以幫助政府達到另一個目標：挽救金融業。與其把現金直接注入銀行來確保它們的償債能力，政府不如將現金發給快付不出貸款的屋主，因為銀行收不到貸款會損失大量現金，不如直接消除源頭的損失。為什麼不這麼做？

安排補助金的政府官員跟銀行家常有往來，而苦苦掙扎的屋主不是他們的好朋友。事實上，很多官員之前就在銀行工作，或想過從事這一行。應該沒有人碰過付不出房貸的問題，有的話也是極少數。我們在第二章討論過「管制俘虜」，這就是另一個例子。政府官員對管制公司的認同感超過一般大眾，他們不常接觸後者，共通的地方也少。他們為回應經濟大衰退而實施的政策反映了這樣的關係。

企業紓困

企業紓困是一種刺激支出，通常能得到民主黨及共和黨雙方政治人物的熱烈支持。這些紓困的方法可能是把現金送給或借給企業，條件特別優渥。企業愈大，通常拿到的錢愈多。這些決策背後的理論是，如果航空公司、餐旅業、波音公司或任何重要的產業破產，我們的經濟就完蛋了。

有道理嗎？要回答這個問題，我們需要回到本書的基本前提：你可以用常識了解真實世界的情況。達美航空收到刺激經費時，它們的飛機並未收到現金。無人使用的飛機停在飛機跑道上，等旅遊的需求一回來，就恢復服務。沒有紓困的話，這些飛機不會陷入地裡，也不會被離開的經理人搬走。如果達美航空因為沒有紓困而破產，結果可能就是達美航空的管理階層失業。紓困的錢拯救的不是達美航空的飛機，而是公司裡的經理人和股東。如果達美航空破產，飛機、機場時間帶和其他資產就會廉價出售，最後由其他人管理和擁有。

在新冠疫情盛行時，除了一直拿飛機大做文章，航空公司也強調工作的問題。他們特別主張，紓困可以幫他們留住工作。聽起來似乎是好事，直到你開始質疑（也應該要質疑）納稅人為這件「好事」付了多少錢。在疫情期間，航空公司收到的紓困金超過五百億美元，而航空公司宣稱他們挽救了七萬五千份工作，也就是說每個職位花了將近七十萬美元。[1]因此，美國政府如果直接支付員工的工資（像許多歐洲國家的做法），就可以省下幾百億美元，或多留下幾萬份工作，而不是把錢交給企業管理階層，希望他們能用來挽救工作，不會花在自己身上。所有的公司都證實了紓困的謬誤，包括像波音公司這樣的製造商。即使美國政府一分錢都不給企業，工廠、設備、智慧財產和其他有價值的資產都不會消失。會消失的，或許是企業現有的管理階層和股東。

你可能會擔憂，如果沒有紓困，達美航空和波音公司一類的企業無法維護資產，資產也會開始變質。然而，既然公司資產的價值通常是維護費用的很多倍，放棄維護其實很不合理，也會減損價值。做出這種差勁決策的企業降低了自身的長期潛力，也會打擊股價。企業管理階層決定花錢或借錢來維護資產，根本不需要多想，就能避開全盤損失的高額成本，如果連這也做不到，絕對會有人很樂意做出那樣的決定，保護公司的利益。如果企業能用更健全的手段來管理高價值的資產，想接管股價暴跌的公司變得輕而易舉。

因此，如果沒有紓困，企業很有可能破產，被新公司買下。新的老闆很有可能把現在的經理都換掉。或許這些新的經理會做得更好，或許更差（不過就波音來說，不可能更差了——這家公司最初不肯撤下他們的七三七Max機型，即使軟體的缺陷造成兩次空難，共有三百四十六人喪生）。

如果沒有企業紓困，最終也不會損失實質的商品或服務及美國的產能。即使美國政府不給達美航空、福特汽車、萬豪酒店及迪士尼紓困，航空公司、工廠、飯店房間及度假區數目也不會改變。然而，這些公司的管理階層或許會大換血。

少了紓困，管理良好的公司仍有可能生存下來，在衰退後繼續興盛。管理不佳的公司則可能因衰退而被迫破產，有價值的資產則被新的擁有者買走。新的擁有者則有一模一樣的誘因，要有效提供原本那些企業的商品和服務。

高階管理人員在公司被接管後，很有可能就此失業，但這些企業大多數的員工——工廠裡的作業員、工程師、會計師、職員等等——卻不受影響。如果他們的工作表現不錯，在衰退時仍被舊時的管理階層留下，就沒有理由認為新的管理階層不想留下他們，尤其是因為新管理階層希望轉移愈平順愈好。此外，更優質的管理階層可能會提高公司的營業額，創造出比之前數目更多的工作。

然而，在公司快要破產時，股東很有可能遭到重擊，因為新的擁有者肯定會用打了好幾折的價格買下破產的公司。這些股東是什麼人？在二〇一九年，美國前一〇％最富裕的家庭握有八四％的股票。[2]自二〇一九年及新冠肺炎大爆發以來，貧富差距只有愈來愈大，將更多的股票集中到最富有的美國人手中。失去財富很可惜，但如果經濟低迷造成了苦難，把政府援助集中發給企業股東，並不是最有效或最符合人性的花錢法。

將發給企業的經費轉給困苦的美國人，可以提供更有力、更立即的刺激。令人啼笑皆非的是，這個做法最後也會為美國企業帶來極大的利益。如此一來，消費者就有錢繼續去買這些企業生產的眾多商品及服務。想提高收入的企業如果有動機去滿足消費者的需求，而不是與華盛頓的官僚交好，以求得救濟，每個人都能過得更好。

只是發給企業管理階層和企業股東的刺激經費或許無法用來保住員工的工作，或讓失業的勞工再度就業。就業率提高，就能放大經濟餅，但是把錢放進富人的帳戶只是重新分配原有的大餅。

在衰退中，我們可以把現金發給陷入困境的人——讓他們花錢，保持景氣——或者可以把錢給企業，讓現有的管理階層和股東撐過困難的時刻。美國政府在經濟大衰退的時候就面對過這種取捨，選擇救援銀行，而不是屋主。本質上，我們可以由下而上挽救經濟，也可以由上而下。不巧的是，在這個過程中，上面的人比下面的人更有發言權。

政府該如何回應供給衝擊造成的經濟衰退？

戰爭、疫情或自然災害造成的損失會直接傷害國家，會大幅減弱該國生產商品及服務的能力，並引起衰退，還好這種傷害並不常見。然而，新冠肺炎造成了這一類型的損害，造成前所未有的效應。

前面說過，這種供給衝擊確實出現時，會影響人們的前景，因此通常也會造成需求衝擊。對經濟的這種連環打擊不僅減少了供應的東西，通常需求也會降低。這個處境產生了一切與典型需求衝擊衰退有關的壞結果（例如失業、低薪及破產），以及另一個壞結果：很多商品及服務的價格升高。為什麼會出現這個額外的問題？

在需求衝擊造成的衰退中，因為收入和工作前景變差，企業通常會降低價格來抓住消費者。在供給衝擊造成的衰退中，企業可以賣的東西變少，因為國家產能受到影響。戰爭可能會毀壞基礎建設、禁運可能會導致石油或煤氣短缺，或者疫情可能會讓勞工沒辦法工作。因此，大多數商品的生產成本跟難度都提高了，導致生產出來的商品更少，消費者要付更高的價錢。產出減少並結合價格上揚的現象叫作「停滯性通膨」，一九七〇年代OPEC（石油輸出國家組織）大幅拉抬油價後，就是很嚴重的問題。

我們討論過跟需求衝擊衰退相關的財政政策工具（更高的政府支出和更低的稅賦）在這裡比較派不上用場。在供給衝擊衰退中，產量變少的主因並非大家沒有心情花錢（之後也一樣沒有心情），而是因為就是無法生產更多的東西，成本也可能過高。全世界的加油都無法解決工廠受到轟炸、石油短缺或傳染病對生產造成的限制。在這種情況下，把錢放進民眾的口袋裡，不會刺激企業生產更多的東西，因為它們生產不出來——更多的錢只能拿去搶購更少的商品，導致通貨膨脹。

要補救這種狀況，很明顯地，政府一定要處理源頭的傷害，避免減損經濟的產能。第二次世界大戰重挫歐洲的基礎建設，也危及經濟。美國政府的馬歇爾計畫（Marshall Plan）提供資金，讓歐洲在戰後重建一切，經濟也跟著成長。在OPEC的石油禁運後，各國開始搜尋新的能源，美國國內的石油產量大增，也開始發展新的能源。成功解決供給問題後，也成功處理了需求問題，因為消除了重擊經濟的傷害，通常就會令民眾精神大振。

然而，美國政府一開始回應新冠疫情的方式是有史以來最大筆的企業紓困。在需求衝擊的討論中，我們說到碰到經濟低迷，幫助企業紓困的效應可能最差。現金幾乎都到了企業管理階層和股東手中——他們最不需要補助，也最不可能透過花錢來支持經濟。碰到供給衝擊衰退，採取企業紓困的手段就更糟了，因為關鍵目標在於解決供給衝擊，可是資源卻轉到別的地方去。

碰到病毒造成的經濟低迷，最佳的回應是把現金用於找到治療的方法、藥劑或疫苗；公開結果；同時為所有人提供大規模測試、追蹤接觸者、保護裝備之類的東西。＊病毒造成傷害後，該做的都不做，只會延長低迷跟所有相關的問題。還好，儘管回應新冠疫情的方法不盡完美，但開發的速度很快，有助於經濟的回復。此外，簡稱CARES法案的《新冠病毒援助、紓困暨經濟安全法》提供各種支援給失去收入的人，讓他們能繼續花費，勒住經濟的低迷。

供給衝擊可是比喻成一把火，事實上也真是一把火。除了毀滅，也會令人感到沮喪。最好的回應就是使盡全力，盡快撲滅它。

回應的代價

景氣不好的時候，民眾跟企業都會縮減開支，很簡單：手頭上的錢變少了。賺的錢變少，花的也變少。政府也一樣。人民收入減少，稅收也降低。同時，由於之前說過的自動穩定機制，例如食物券和失業保險，支出增加了。因此，還有一個關鍵的問題：要支付政府新的支出或減稅，錢從哪裡來？

政府只有三個賺錢的方法：徵稅、借款，或創造。接下來的幾節會討論這些方法。

徵稅以支付新的政府支出

政府可以提高稅收，來募集新支出需要的經費。然而，就某種程度來說，這個做法會弄巧成拙。要對抗衰退，政府必須大幅提高經濟中新支出的總量。新的、更高的稅收會降低消費者和企業的支出，至少會抵銷一些政府支持升高後的效應。我說「一些」，因為舉個例子吧，新的稅收可以

＊ 前提是這種療法、藥劑或疫苗可以在合理的期限內開發出來。然而，如果無法消除供給衝擊，必須盡一起努力去降低其效應。

為新的工資提供資金，勞工很有可能會把多拿到的薪水都花掉，但另一方面，納稅人不太可能按著多繳的稅額去減少他們的支出。

然而，高收入的納稅人比較不可能因為要付更多的稅就縮減支出。因此，增加他們的賦稅，為給其他人的經濟刺激提供資金，就會讓整體支出的淨增加明顯增高，推動經濟。然而，政治人物卻不太樂意增稅。在衰退時尤其是這樣，他們最大的政治金主則會宣稱，如果要提高稅額，他們就得減少各種開支（包括政治獻金在內）。因此，儘管向富人徵更多的稅來資助陷入經濟困境的人，是一種為政府新支出提供資金的方法，卻不是美國政治體系會選擇的方法。

借款支付新的政府支出

我們會在下一章討論政府債務，區別為建設性目的而帶來的債務及為揮霍目的而帶來的債務，前者的範例有建造基礎建設及教育孩童，後者的例子是避免增稅，將目前的服務費用帳單推到以後再付。增加政府支出，好把經濟拉出衰退，就是一個最好的借款理由。值得的目標是什麼？避免降低的產出、消失的薪資及縮減的福祉延續數個月或數年。情況很像失業的勞工借錢習得新技能、找到更好的工作，因而增加的收入遠超過借來受訓的錢。

政府在衰退時應該借款，還有另一個理由。因為不論在何時，經濟裡的貨幣量都有限，那麼在某個時間點可以借出的錢也是有限的。經濟成長時，人民、企業和政府都會爭著借走這些資金。政府在經濟成長時借的錢愈多，其他人可以借的就變少了，例如要創業或擴展業務的人。經濟學家稱這是「排擠作用」。經濟成長時，企業想借錢擴充，而政府的借款排擠了私人借款。由於政府拿走更多資金來支付赤字，民營企業需要的新廠房、設備、辦公室和其他股本本來可以擴大或維護經濟的產能，現在卻更難找到需要的資金。

政府怎麼吸走私人借方想要的資金？只要付比目前更高的利率就可以了。政府付的利率愈高，貸給政府的款項愈多，借給民營企業的就變少了。

哪些私人借方能借到剩餘的資金？付得起、也願意付較高利率的企業。舉例來說，如果亞馬遜想借錢蓋新的庫房，會有很多貸款人樂意以更高的利率借款，亞馬遜要付更高的利率應該也沒有問題。然而，如果有人需要錢來開新餐廳，但資源比較少，獲利率也不確定，就不太可能從貸款人那邊得到同樣的反應。即使有貸款人，很多這一類的借方也會因為更高的利率而斷念，決定不要借錢。基本上，當政府在景氣好的時候借錢，有些本來會讓民營企業（主要用來創業、拓展，及讓相對比較小的企業變得更現代化）借走的錢會轉到政府那裡。

然而碰到衰退時，企業和消費者縮減支出、借款變少，貸款人也很難找到有還款能力的借方。因此，當民營企業借款在經濟不景氣時往下掉，政府借款就能接續斷層。經濟不景氣的時候，政府借款不會排擠私人借款。相反地，政府借款讓政府把錢花在商品及服務上，創造工作並開始復甦的循環，不會縮減民營企業——雙贏的結果。

前面提到借款升級技能、找到新工作的失業勞工拿到更高的薪資，只用了一部分來償還貸款，還記得嗎？那就是衰退時政府借款的功效。因此，碰到衰退，債務已經變成為政府赤字提供資金的傳統方式。在衰退時，政府可以用債務衝高支出，不會轉移民營企業投資的資金，也可以避開增稅而導致的政治危機。

創造貨幣以支付新的政府支出

要為政府赤字提供資金，創造新貨幣不就好了嗎？聽起來雖然吸引人，但在今日，主要的國家都不會採取這個手段。讀者或許還記得支出失控與惡性通貨膨脹的風險，因此美國政府把貨幣供給的控制權交給聯準會。

在目前的體制下，如果美國政府要增加支出，必須用充足的理由說服選民政府必須增稅，或說服投資人買更多公債。理論上來說，這些限制要求政府有更高的財政紀律。這些限制也讓政府必須透明化新方案的成本，因為新方案的支出必須符合稅賦或公債的增額。少了紀律，不光有通貨膨脹的風險（少量的話還不至於造成傷害），還有可能面臨支出失控、惡性通貨膨脹，以及整個貨幣體系崩潰。

然而，有不少經濟學家相信政府應該有這個能力，創造新貨幣來提供方案的資金。這個想法叫作「現代貨幣理論」，簡稱MMT，他們認為政府需要用徵稅或借款來提供赤字的資金的話，支出也不會太高。這些經濟學家一般支持擴大政府給付及社會福利，資金直接來自新貨幣。參議員伯尼・桑德斯和眾議員亞歷山德里雅・奧卡西奧—科爾特茲（Alexandria Ocasio-Cortez）等政治領袖都支持這些想法。

這些經濟學家的觀點跟我在本書從頭到尾說的一樣：新貨幣如果沒有相應的新產出，只會導致通貨膨脹。因此，現有的法律規定政府的支出能力受到徵稅和借款（也就是金融經濟）金額的限制，但他們認為應該要取消。經濟學家指出，美國國會應該賦予自身創造貨幣的權利，只受實質經濟的約束——指實際的資源和產出。具體來說，如果政府創造貨幣來提供方案的資金，例如讓失業勞工回到工作崗位上、教育孩童好讓他們成人後更有貢獻，以及提供醫療照顧給勞工來降低病假的天數，MMT支持者仍堅持新貨幣必須符合新產出。那麼，美國就會愈來愈富有、愈來愈公平，不會引發通貨膨脹。

現代貨幣理論家說，聯邦政府的支出只有一個真正的制約，就是通貨膨脹——而不是受限於預算，創造新貨幣就可以平衡預算。如果創造額外的十美元來買三明治，因此經濟產出加了一個三明治，那就真的是白吃的午餐。另一方面，如果創造十美元並不會導致新的三明治加入經濟，這十美元會抬高現有三明治的價格（記得拍賣會的例子嗎？更多的貨幣追逐同樣數量的商品，價格就會提高）。所以這些經濟學家提倡，創造貨幣來提供方案的資金後，方案的成本必須能涵蓋產出的增益，就不會導致通貨膨脹。

就這一點來說，MMT就非常合理。儘管名字裡有「現代」跟「理論」，這個想法並不特別新（回想一下約翰・梅納德・凱因斯的主張跟我們針對財政政策的討論），也不光是「理論」（回想一下我們針對法定貨幣的討論，以及政府可以憑空創造貨幣的事實）。然而，提議人或許太樂觀了，以為民選官員有機會拿到無上限的金錢時會表現出適度的自我約束。另外，以為民選官員在花費創造出來的貨幣時會考慮到能否符合產出的增加，也是過於樂觀的想法。官員可能會浪費掉不少錢，或透過減稅把錢交給政治金主，這非常危險。

因為擔憂政府支出會失控，所以今日有了中央銀行的體制，控制貨幣供給的權力交給聯準會，而不是政治人物。談到政壇的現況，如果要試驗不再限制民選官員的支出及他們能夠減稅的幅度，現在也不是恰當的時機。本書下一篇會討論美國政府應該怎麼辦。

第五篇

政府

UNDERSTANDABLE ECONOMICS

THE GOVERNMENT

第十四章

國債：政府預算赤字，要付出什麼樣的成本？

國債，對我們來說，如果不過度，則是國家之福。

——亞歷山大．漢密爾頓（Alexander Hamilton），經濟學家

政府支出

在美國，各級政府（聯邦、州及地方政府用於商品及服務的支出，以及移轉貨幣變成人民的支出）的總預算在二〇一九年約占GDP的三八．三%。在其他的富裕國家裡，政府支出占GDP的百分比多半比較高。[1]例如，在二〇一九年，法國、丹麥及德國的政府支出分別占這幾國GDP的五五．三%、四九．五%及四四．九%。這些百分比看似相近，但換成美元就看得出差異。如果

美國政府要增加一％GDP的支出，就要多花兩千零九十億美元，大約是二〇一九年食物券總支出的三倍。2

公營企業和民營企業花的GDP比例並非由自然定律規定，也不是精密分析的結果。就像集體決策與個別決策之間達成的平衡，這個比例就是政治體系的結果。具體來說，由聯邦、州和地方政府選擇要花多少錢來決定。在新聞裡看到社會安全保險要「破產」或「負擔不起」政府方案時，那是政治主張，不是經濟訴求。政府一定有能力透過徵稅和發行債券來募集需要的資金——只是有可能缺乏募集的意願。

由於州和地方政府不能創造貨幣，除非國會從聯準會手裡取回創造貨幣的權力（目前並沒有跡象），聯邦政府也無法創造貨幣來提供預算的資金，對政府預算的約束很像民眾預算受到的約束。兩者都有年收入——政府的收入來自徵稅，個人的收入來自工資和投資。兩者都有年度花費，政府的花費會超出收入，而很多人也有同樣的情況。花費超過收入的量（叫作預算赤字）則靠借款來提供資金。個人借款主要有幾個形式：跟銀行貸款、信用卡預支現金，或跟家人拿錢。聯邦、州和地方政府則發行債券來借款。

聯邦公債有好幾個名稱，例如國庫債券、國庫證券、公債和國庫債務，形式不勝枚舉，面額多變，有不同的利率、期限、還款時間及其他合約條款。然而，都跟其他的債務一樣——一方（在這裡是美國政府）欠另一方（在這裡是買債券的人）的錢。之前討論過，買政府公債的人基本上就是貸款給政府，也讓政府產生如此巨大的赤字。

買政府公債而讓赤字成真的人是誰？本書的讀者基本上都應該拿到一封感謝函。如果你開過貨幣市場帳戶或銀行帳戶，你存款的機構會把大多數的錢投資在美國公債上。事實上，把錢借給政府（購買公債）是銀行準備金最常見的用途。

國債會不會變成威脅？

債務金額

二〇二一年九月，聯邦政府的債務（也就是欠別人的錢）約為二十二兆三千億美元。[3] 數字比新冠疫情爆發前高出很多，因為稅收減少，疫情又增加了開支（在疫情開始前，二〇一九年中的時候，債務大約是十六兆五千億美元）。美國政府怎麼會築起這麼高的債台？有什麼意義？對美國有威脅嗎？*

二〇二一年，美國政府的支出預期會比稅收多出三兆六千億美元。[4] 這麼大的赤字前所未有，主因則是新冠疫情。然而，未來幾年的赤字預期應該會小很多。儘管如此，過去幾十年來（除了柯林頓當總統的那幾年），美國政府的支出向來都超過稅收。這個趨勢絕對不會改變。舉例來說，在疫情發生前那五年，每年的預算赤字平均為六千九百億美元。由於赤字的資金只能來自借款，赤字變大，表示債務變多。

這裡的問題很明顯：二十二兆三千億的債務負擔算不算過大？儘管借和欠這麼多錢看似超出理解的範圍，如果你知道你最多能欠多少錢，就可以了解政府可以欠多少債。換句話說，如果每一名美國人分到的債務還算合理，全體美國人的總債務應該也在合理範圍內。

如果你或我欠了二十二兆三千億美元，那問題當然大了。但這種比較的方法不對。要評估某人的債務負擔是否過於艱鉅，唯一的方法就是從他的收入來考量。對我來說高得離譜的債務可能只是傑夫．貝佐斯口袋裡的零錢。因此，既然美國的總債務是二十二億三千萬美元（美國人口有三億三千萬），我們需要知道美國人的總收入。前面說過，美國的GDP約為二十兆九千億美元，因此，總收入也差不多是二十兆九千億美元。

因此，真正的問題應該是，對收入為二十兆九千億美元的實體來說，二十二兆三千億美元的債務會不會過多。對大多數人來說，這些數字大到無法想像。連我自己在內，很多人不知道十億跟一兆差多少，難以辨別差距。我還記得有個國會議員提到一筆特別支出時，搞混了這兩個單位。問到他要說十億還是一兆美元，他說他不確定。如果你中午吃了一個三明治，跟別人提起時卻不確定

* 美國「拖欠的公債總額」是很多人熟悉的數字，接近二十八兆四千億美元。這麼大的數字嚴格說來是正確的，包括美國政府其他支局持有的六兆多美國公債。這是政府一個部分欠另一個部分的錢，因此不是政府欠外部機構的淨負債。只要把錢從一個政府帳戶轉到另一個政府帳戶，就可以完全付清。

你花了十塊還是一萬，有道理嗎？十億跟一兆之間，正好就是同樣大的差距。因此，要聽懂這個問題，我們必須再回到自己的財務上。

評估債務負擔時，我們會想到三個關鍵：他們的收入、債務大小，以及債務的利息支付。按每個美國人分配到的國債，我們可以計算這三個數字，來決定個人的份額是否合理。

首先，既然我們知道二〇二〇年美國的總收入是二十兆九千億美元，人口大約為三億三千萬，我們可以用總人口除以總收入，得出每個美國人的平均所得大約為：六三三三三美元。你或許會想，這個數字似乎太高了，美國家庭平均一家有二．五三個人，家庭所得顯然不到十六萬零二三二美元（二．五三乘以每一美國人的平均所得）。[5] 你的想法沒錯，因為每個人六三三三三美元的「平均」收入包括各種其他的福利，大多數人對收入的定義都排除了這些款項，例如雇主發給但不包含在員工應稅收入裡的福利、企業不分配給擁有者的所有利潤，以及民眾收到的各種政府福利。此外，所得更加不均——收入集中在頂層——也進一步歪曲了這個平均值。例如，比爾．蓋茲去了附近的酒吧，酒吧顧客的平均收入就暴增了，但沒有人變得更有錢，顧客的收入中位數也不太可能改變。

第二，由於我們知道聯邦政府的總債務是二十二兆三千億美元，就可以用總人數除以總債務，得出每個人的債務大約是六七五七六美元。

第三，由於我們知道聯邦政府在二〇二〇年的利息支付是三千四百五十億美元，每個美國人每年的利息支付大約是一〇四五美元。[6]

來看看每個人分攤的債務跟分攤的年度利息，就可以回答美國國債到底算不算太多。因此，對一個每年有六三三三三美元經濟資源的人來說，每年六七五七六美元的總債務加上一〇四五美元的年度利息支付，會不會太多？

你跟所有人一樣，可以有自己的看法，但在做結論前，要先考慮到兩個重點。第一，一般美國人都有債務，而且遠超過他們分攤的政府債務：房貸。事實上，用來買房子的抵押貸款通常會遠超過借方的年收入，我們鮮少認為這種借款是不負責任的行為。此外，美國人平均有三萬八千美元的個人債務，[7] 每個借了學生貸款的學生則平均有三萬美元的債務。[8] 有創業野心或去唸醫學院的人通常也擔負更高的債務。因此，在這個情境中，六七五七六美元的債務似乎也沒那麼不平常。

跟總債務比起來，更重要的是每年實際要付多少利息。那對個人財務來說才是真正的負擔。一年有六三三三三美元經濟資源的人如果一年要付一〇四五美元的利息（每個美國人分攤的國債利息），應該感覺不太好。有人主張國債會壓垮大家的經濟、害每個人破產、危及存在，似乎言過其實。此外，彼得森國際經濟研究所（Peterson Institute for International Economics）及前哈佛大學校長勞倫斯．桑默斯（Lawrence H. Summers）在新冠疫情流行中發布的分析估計，在接下來幾年內，國家預算要用於支付利息的份額會下滑，之後只會微幅升高。[9]

從個人的角度來看債務的話，你可以看到偏離事實的各種誇飾。有政治動機的演說可以利用大多數人對巨額數字的陌生感（例如前面提到的國會議員），目標就是讓大家同意削減政府支出。每年拿得到六三三三三美元的人一年要付一〇四五美元利息的話，根本算不上重大的危機。而且，如果對個別的美國人來說不是危機，對全體的美國人來說也不是危機。

債務的理由

債務到底是不是問題，基本上也要看債務一開始是怎麼來的。如果為了特別豪華的假期或毒癮而負債，你很有可能結論這筆支出是浪費錢，危害個人長期的安樂。但如果那個人為了買房子、上醫學院或創業而借債呢？你的結論應該會很不一樣。

國債也適用同樣的道理。如果政府借款來刺激經濟，例如提供資金給重要的基礎建設、教育孩童，或帶我們脫離經濟衰退，那麼借債就很合理。事實上，產出的增益很容易超過負擔的債務，帶來經濟勝利。打個比方，你失業了，用五％的利率借了一筆貸款來創業，年利潤有一〇％，淨利率等於一般還算成功的企業。從失業的狀態換成可以養活自己，為經濟帶來貢獻，並用一部分企業的利潤輕鬆支付貸款。

在真實世界中，這種投資的完美例子是為弱勢孩童提供的兩項幼兒期充實計畫，來自芝加哥大學研究人員的分析。他們審核的投資每年有一三％的收益，[10]跟大多數投資機會比起來，報酬率很不錯。其他幼兒期介入計畫的研究也看到豐厚的收益。

然而，很不巧的是，政府的支出不一定都能那麼睿智。如果政府負債的理由只是避免增稅來支付例常的支出，就不是很恰當。政府已經把國防、健保、農民資助等方案變成未來納稅人的負擔，而不是讓今日的納稅人支付（我年紀已經超過中位數了，想藉這個機會感謝年齡低於中位數的本書讀者，他們補貼了我享受的政府服務）。

同樣地，如果政府浪費過多的資金來進行某些計畫，即使是有價值的計畫，也說不過去。例如，紐約市最近完成了地鐵系統的擴充，在曼哈頓第二大道的下方。工程從一九七二年開始建構，每一英里的成本是二十五億美元。生活費一樣高昂的巴黎也有類似的計畫，每一英里的成本大約是四億五千萬美元。[11] 即使是品質最好的工程，價格膨脹到這種程度也不合理。

我們在第二章討論過，政治過程最終決定民選的代表會做什麼，以及他們注重的焦點。我們需要評估這些想代表人民的人，不光是他們口中支持的政策，也要看他們能否以有效且符合效益的方式實行這些政策。做少一點，除了有浪費錢的風險，也會讓人懷疑美國人能否聯合起來為國家及人民把錢投資在有意義的地方。

政府借款跟私人借款一樣，可以促進成長，讓大眾過得更好，基本上損益就打平了。另一方面，有些借款會浪費錢，只留下債務的負擔，例如借款補助有利潤的企業，或購買軍隊根本沒有需要的武器裝備。以上兩種用途容易混為一談，加上令人費解的巨大數字，讓政府借款充斥著誤導的言論，而且都出於政治動機。希望讀者可以用這本書介紹的工具，換個角度看事情，了解其中的意義。

國債的受益者是誰？

即使我們做出結論，國債大約是國家所得的一〇七％的話，對我們的經濟福祉不造成危險，這麼高額的債務究竟會帶來什麼效應？國債的付款時機、方式及受款人都很重要。我們先討論利息支付，然後討論怎麼還清借款金額（本金）。

國債的利息

前面討論過，美國政府在二〇二〇年的總利息支出是三千四百五十億美元，每個美國人要分攤的數額接近一〇四五美元。利息支付的錢來自納稅人，包括你和我。誰拿到利息？簡單的答案：大多會到納稅人手上，包括你和我。下面再給大家比較詳細的答案。

二〇二一年六月，美國國債約有三一％由外國人持有。[12] 意思是有六八％在美國人手中，因此，六八％的利息支付會到美國人手裡。即使你沒買公債，政府付的債務利息也會有一部分變成你銀行帳戶裡的利息，也就是退休基金資產的收益，或是貨幣市場基金的利息。結果，國債總利息的六八％由美國納稅人付給其他美國人。

在這個移轉的過程中，是否有一群美國人會得利？或許不是很明顯。低收入民眾持有的政府公債不多、利息所得很少、退休基金資產也很少，但他們通常納稅額也比較低。高收入的人有比較多債券、更多生息的帳戶、更多退休基金資產，但大多數人的稅務負擔相對也更高（並非所有人，我們會在第十六章討論）。因此，債務利息的六八％從這群人手上以稅務的形式支付出去，基本上又回到同一群人手裡。轉移的財富並不多。

三二％付給外國人的利息支付確實把購買力從美國人轉移給外國人。在二〇二〇年，這筆錢大約是每個美國人要分攤三三四美元。每年在美國，每個人生產的商品及服務是六三三三三美元，花掉其中的三三四美元（〇．五三％）有多糟糕？不論你給這個問題什麼答案，我們應該都贊同，這不至於造成政客口中的經濟危機吧。政治人物抱怨得再大聲，似乎也無心終止預算赤字來減少利息支出。

擁有美國國債的外國人是誰？人民、企業和政府，遍及地球上每一個國家。[13]我們常聽到美國欠中國多少錢。美國的未還債務中有大約四．八％由中國持有（我猜，大家心中的數字應該更高吧。我也打賭，讀者應該不知道日本人和歐洲人各自持有的美國債務比中國更多）。中國人及其他可能與美國對立的人非常在意美國及其經濟的成功，或至少會希望能存續下去，這不是壞事。此外，我們在第六章說過，付給外國人的美元大多回到美國，用來買美國製的商品及服務。

償還債務

二十二兆三千萬美元的債務是筆大數目。儘管如此，這個總數只有一小部分要按月付款，政府也付清了。在投資人眼中，美國的債務一直是寄放資金最安全的地方，因此，美國可以用很低的利率發行國債。美國政府看起來就像腰纏萬貫又有償付能力的借方，實際上也厲害多了。美國政府跟其他借方不一樣，一定有能力還債——國會可以創造需要的貨幣來償付到期的債券。讀者也知道，在目前的法規下，這不是創造貨幣的方法。但國會可以改變法規，自己來負責創造貨幣。換成比較溫和的做法，國會可以發行新債券，要求聯準會買下，用銷售收入來付清舊債券。其他的債務人就不能用這些手法。

美國特別的地方在於政府能發行的總債務有上限。由於美國政府徵收的稅款少於支出，必須持續發行更多的債務來維持收支平衡。因此，國會常收到增加這個債務限額的要求。有好幾次，國會議員只顧黨爭，差點錯過升高債務限額的時機，這會耗盡美國的金源，無法及時付清債款。在現行的制度下，國會要先通過支出方案，幾個月或幾年後再舉行另一次投票，決定要不要增加實際用於支出的貨幣，真的是自找麻煩。

二〇一一年，專門評級債務的標準普爾（Standard & Poor's）將美國的債務降級，比最高、最安全的評等低了一級，便是因為不確定國會議員能否及時有條理地行事，提高債務限額，避免違約（包括德國和加拿大在內的幾個國家則得到最高的評等）。美國債務降級，不能反映美國的經濟狀況；而是對美國政治現況的陳述。

還好，在本書寫作時，美國債務仍算是相當安全的投資標的，政府也能用很低的利率發行債務。這已經很出色了，因為除了降級，還有許多國會成員不願讓政府借錢來支付他們之前授權的支出，持續造成威脅。在某個時刻，如果仍消除不了這樣的不確定性，新債務要付的利率就很有可能上升。

如果真的錯過提高債務限額的期限，政府也違約了，美國國債的利率一定會暴增，政府的資金也會有困難。在這種情況下，就很難預料未來的情況。如果真要猜測，可以思考如果你把錢都花光了、不付帳單的話，會發生什麼事——如果大多數美國人都開始不付帳單，美國會變成什麼樣。

二〇二一年快結束的時候，國會看似又在進行慣常的辯論，要不要通過債務上限需要的增額，穆迪分析評估過萬一議員來不及行動的話會有什麼結果。[14]他們預測如果國會讓美國違約，會造成「劇變」。他們特別預測，實質GDP會下降將近四%（超過八億美元），失去的工作接近六百萬、失業率會驟升到接近九%，股價會暴跌將近三三%（財富減少十五兆美元），所有的利率都會跳升。最後的結論是「既然美國財政部的證券有風險，未來世代的美國人必須付出極高的經濟代價」。

川普（Donald Trump）就任總統後，有不同的想法。他的推文說，美國應該「開始整合我們的債務」。整合債務的意思是再借一筆或好幾筆貸款，在到期日之前付清一筆或多筆先前的貸款。利率下降後，重新貸款才有意義，因為新的貸款利率比舊的低（利息支付也比較少）。儘管如此，只有當高利率的舊貸款可以在到期日之前清償，才能採取這個謹慎的財務動議。國債之後，第二大的債務就是房貸，大多可以提前還款。因此，在利率下降時，重新貸款通常可以降低屋主每月的付款額。

然而，美國聯邦政府發行的債務無法重整，因為不允許提前還清。典型的政府債券需要政府每年付定量的利息給債券持有人，然後在債券到期時歸還本金——不能用提前還款來降低政府該付的利息。那麼，川普的提議就不可行了。或許在他設想的情境中，一家快破產的企業（例如賭場）再也無法支付債務，便與貸款人達成協議來縮減欠款。如此一來，快破產的企業跟貸款人就不需要上破產法庭，花時間和費用來爭奪公司的資產。你也想得到，美國的地位跟快破產的企業不一樣，我也真誠希望美國的地位不要改變。

儘管美國不能重整現有的債務，但本質上確實重整了一部分的債務，這個部分來自每個月的還款。你可以把美國國債看成循環債務：一直無法付清，因為當舊債到期的時候，新發行債務的收入可以支付舊債的成本。然而，總債務會繼續增加，因為政府發行的新債夠大，能付清要償還的舊債加上政府目前的赤字支出。問題來了：如果國債持續增加，不就像紙牌屋（不堪一擊的計畫）或龐氏騙局，最後一定會崩潰？

債務結構會不會倒塌？答案總要看支持債務的收入額。二十世紀初期的龐氏跟後來的伯納・馬多夫（Bernie Madoff）一樣，都沒有基本收入——創造不出價值。他只是用新錢還舊錢。新錢愈來愈少，就一定會倒台。然而，美國光在二〇二〇年就創造了價值二十兆九千萬美元的商品及服務，接下來很有可能會創造更多。

有很多人相信，既然現在利率很低，美國的經濟穩健，應該借更多錢，花更多錢。《紐約時報》的專欄作家、得過諾貝爾獎的經濟學家保羅・克魯曼（Paul Krugman）倡導龐大的基礎建設計畫，他相信成本會低於能為美國經濟帶來的成長。

二〇二一年末，國會通過《基礎建設投資和就業法案》（*Infrastructure Investment and Jobs Act*），預備將一兆兩千億美元用於「硬體」基礎建設，例如運輸計畫、高速網路連線及環境改善。國會後來考慮過更大型的計畫，但沒有通過，這項計畫會投資在所謂的人文基礎建設上：孩童、教育、社會方案及健康照護。跟硬體基礎建設一樣，這些方案產生的效益會超過成本。

很可惜，這些明智的投資大多無法實現，因為債務承擔了汙名。諷刺的是，汙名化債務的政治人物多半也是國債上升的源頭。前眾議院議長保羅・萊恩（Paul Ryan）在位時，不斷把赤字支出跟用來支付的債務形容成妖魔鬼怪。儘管如此，二〇一七年通過大規模減稅時，他是主要的推手，美國國會預算局估計在十年內會讓政府赤字增加一兆九千萬美元。[15] 他跟許多人選擇提供資金來為富人減稅，把負擔留給下一代的納稅人。對美國和美國的經濟健康來說，這種偽善已經讓美國人付出很高的代價，而且會一直繼續下去。

在接下來的兩章，我們主要會探討可以改進美國經濟健康的政策。

第十五章

政府政策及收益：美國經濟要如何才能變得更公平、更有生產力？

漲潮的時候，不會讓沒有船的人浮起來。我們得幫他們造船。我們要給他們基本的結構，才能與浪潮一起升起。

——拉胡爾．甘地（Rahul Gandhi），印度國會議員

同時增進公正及產能

現代經濟前進的方向朝著更嚴重的不均、更少的機會及更高的不滿，要怎麼改變？有人說，「富人跟其他人有一個差別——富人的錢比較多。」（很多人說這句名言是他們想到的，除了我以外。）我引用這句話來強調，美國目前的經濟不均程度並非自然發展而成，而是社會整體選擇的結

果。我們可以做不同的選擇，用不同的方法分配資源，走向各種其他正面及負面的結果（根據前面對經濟體制的介紹，你應該可以預料到很多結果）。

做選擇的時候，我們要記著參議員伊莉莎白・華倫（Elizabeth Warren）提到的重點：「在這個國家裡，沒有人能靠自己變成富人。沒有人。你蓋了一座工廠——做得很好。但我要說清楚。你把貨物送到市場上，走過的路是其他人付錢鋪的。你雇用了勞工，是其他人付的教育經費。你在你的工廠裡很安全，因為其他人付費支持警力和消防隊。你不需要擔心劫匪衝進來，把工廠裡的東西都搶走……好的，聽我說。你蓋了一座工廠，變得很棒很厲害——祝福你！留一大塊給自己。但是，根據潛在的社會契約，你拿走了很大一塊，也該拿一小塊出來，傳給下一個出現的孩子。」[1]不論你在政治光譜的左邊（跟華倫參議員一樣），還是在右邊（跟米爾頓・傅利曼一樣，下一章會讚美這位經濟學家提出的負所得稅），要決定一句話是否有意義，最好的方法就是評估這句話本身，而不是說話的人。上面引言的重點有沒有效，要看我們有多依賴前幾代建立的基礎建設以及其他人的技能和努力。少了這些基礎，我們能享有的舒適和安全可能就跟石器時代的人差不多；但我們現在已經習以為常。這是很有力的辯證，要求大家回饋，繳稅並用那筆錢提供最多的機會給最多數的人。

在最後這兩章，我們的目標是辨明哪些稅收、支出和政府政策能同時降低所得不均，並增加產能讓經濟餅變大。為什麼我們的目標有兩個目的？因為，光是把錢搬來搬去，可以輕鬆減少不均，但也會降低工作動機，縮小經濟餅，每個人能分到的都變少了。同樣地，以減稅為例，如果減稅的目的是為了發展節省勞力的科技，就能推進產能，但也會提高不均，並帶來各種相關的傷害。

有潛力提升公正及生產力的政策分為兩類。第一類的政策讓人可以靠著工作轉到更多的錢（如果是失業的人，就給他們工作），會在本章討論。第二類的政策會透過徵稅、支出和轉移來改變所得分配，會在下一章討論。

政府政策及收益

政府可以幫忙推高我們的工作所得（也就是從工作上賺的稅前收入，政府的補助也不算）。為什麼可以？主要透過法律來制定最低工資、政府工作方案，並提供更多教育訓練的支持。接下來會一一討論。

推進收益的法律

所得不均暴升時，會致力為薪水較低的民眾升高工資的聯邦政府政策一直沒有太大變化。事實上在美國，七．二五美元的最低時薪已經鎖定了十多年（不過很多州及地區都制定法律提供較高的最低工資）。幫勞工推高工資的工會權力也愈來愈弱。工會會員比例從一九五〇年代中期的三五％掉到一〇．八％，民營企業則降到六．三％。[2] 因此，我們尚未大幅提高最低工資或立法規定增強勞工的議價能力，有什麼好理由？理由只是因為雇主比較有政治影響力嗎？

事實上，答案確實跟雇主的政治影響力有深厚的關係。但即使克服了他們的影響力，提高最低工資或強化工會，能有效降低勢不可擋的趨勢，也就是不讓收入集中到頂層嗎？答案是肯定的，但效果有限。

較高的工資會增加員工成本，雇主更想避開雇用美國的勞工，把工作自動化或委外到工資比較低的國家。大多數在政治光譜「保守」那一邊的經濟學家（還有多年來教授經濟學課程的老師）用這個論點來反對最低工資的任何增額。

然而，在真實世界裡，最低工資相對極小的增額並未造成工作流失，成功讓低薪勞工口袋裡多了一點錢，這些勞工的支出增加後，實際上對整體經濟有正面的效應。一項知名的研究探討了一九九二年新澤西州的做法有什麼效應，當地的最低工資從每小時四・二五增加到五・〇五美元。研究特別分析了新澤西州及鄰近賓州的速食餐廳就業率，賓州的最低工資仍是每小時四・二五美元。[3]研究發現，與賓州類似的餐廳相比，新澤西州的速食餐廳就業率增加了一三％。

然而，在某個時刻，透過最低工資或工會壓力來增加工資會來到引爆點，因為雇主有可能把工作自動化，或移到工資比較低的國家。底特律的汽車工廠工人就學到了這個教訓，而且過程很慘烈，因為汽車製造商在第二次世界大戰後的數十年內，持續把生產工作移到別處，利用較便宜的勞力。很多服務性質的工作，像清潔和園藝，當然無法自動化。但是，科技進步後，更多的工作就能全面或部分自動化（想一想，自動駕駛車輛對數百萬計程車、火車及公車駕駛會造成什麼效應）。

更高的薪資也會加快這些趨勢的速度。即使工作無法自動化，勞工也可能受到傷害，其他因為自動化而失業的勞工會加入他們的競爭行列。

此外，雖然不是所有的工作都可以移到低工資的國家，但能移出去的也不少。根據美國成衣暨鞋類協會（American Apparel & Footwear Association）指出，美國販售的衣服有九七%以上在國外製造，鞋子則有九八%以上。[4]很多服務性質的工作也可以輸出，例如很多美國公司的顧客服務專線。然而，這不全是壞事。前面我們討論過，委外可以提供工作給發展中國家極度貧困的人民，拉近國與國的距離，促進國際合作。但委外確實會減少美國低技術（有些則不是那麼低技術）勞工的工作數量，因此就美國的經濟不均程度來看，要付出很高的成本。

即使更高的工資不會讓勞工因為自動化或委外而失業，還有一個問題，誰來付抬高後的工資——企業老闆，因為利潤降低，或企業的顧客，因為價格升高。近來一項關於麥當勞的研究發現，最低工資的適度增加並未帶來更省勞力的觸控式螢幕點餐科技，但是導致麥當勞的顧客要付更高的價錢。[5]工資升高後的成本轉嫁到顧客身上後，增加勞工收益的好處就減少了，因為勞工也要面對更高的價格。此外，資方及勞方之間及大多數勞工和頂層（我們最關心的問題）之間的所得分配幾乎不受影響。

然而，在很多案例中，企業不能光靠提高價格來支付更高的工資，因為它們會損失很多顧客。在一般情況下，企業抬高價格時，會失去一些顧客，但從留下來付更高價格的顧客身上賺取更高的利潤。企業抬價來支付更高的工資時，擁有者的利潤就降低了——更高的價格導致他們失去一些顧客，剩下來的顧客雖然付了更多錢，但剛好就拿去付更高的工資成本。

更高工資的成本如果無法轉嫁給顧客，額外的花費會降低獲利率，企業家卻步不想創業，或導致利潤微薄的企業破產。例如，紐約市的餐館老闆要面對三級跳的房租，逼得他們停業，就推諉到當地每小時十五美元的最低工資，說這才是餐廳倒閉的理由。利潤很高的企業或許會因為更高的最低工資而降低獲利率，但苦苦掙扎的企業可能就此玩完了，尤其是小公司。企業倒閉，不僅傷害擁有者跟員工，也減少顧客的選擇、工作機會，存活下來的企業也更沒有動力保持低價及存續競爭力。

大幅增加最低工資，重重打擊收入及財富不均，有可能會危害到工作的總數，進而影響到經濟。此外，從事最低工資工作的人會遭到最嚴重的傷害，因為剩餘的工作有更多人競爭，他們的就業機會就降低了。這種情況有可能迫使某些勞工接受不合法的低薪或其他形式的剝削。

適度增加最低工資顯然可以避免大多數此類的問題，讓低工資的勞工口袋裡多一點救命錢。我知道你一定在想，最低工資「適度」的增加應該增加多少。我也是。不過經濟學家的預測向來不準，我不確定他們能不能提供正確的答案。儘管如此，就如本書提出的許多問題，真實的世界可以提供解答。政府可以逐步調高最低工資，直到這些不利的效應開始超越好處。我們已經討論過這種「成本效益」分析，經濟學家特別懂這種事。

還好，要推高收益，我們有另外兩個特別有希望的方法。接下來的幾段會討論這兩個方法。

政府工作和基礎建設

前面說過，如果提供有保障的政府工作，可以對抗衰退。在正確的前提下，政府工作都頗具意義。政府工作可以為雇員提高民營企業的競爭性，拉抬薪資，推高收益。不管政府付什麼樣的工資（假設一小時十二美元，在比較貴的城市則可能高一點），保障聯邦政府工作方案會讓政府付的工資變成有效的最低工資——如果有十二美元的工作，雇主就很難給出更低的價錢。

不像最低工資的增加，保障聯邦政府工作方案不會減少工作的數目。由於加薪而失去民營企業工作的勞工都可以換成到國營事業工作。這項方案真能提高就業，很多人不工作，是因為找不到工作，或目前的工資不夠吸引人，他們不願意工作。

這些工作的內容是什麼？首先，可以補足美國對基礎建設投資的虧空。美國土木工程師協會（American Society of Civil Engineers，簡稱ＡＳＣＥ）估計，在二〇二〇到二〇二九年之間，美國對於道路、橋樑、供水系統及其他公共設施的投資不足，短少二兆五千九百億美元。[6]二〇二一年規劃的基礎建設支出即使增加，也不能涵蓋全部的需求。美國的基礎建設都相當老舊，要補強的話成本非常高。舉個例子，ＡＳＣＥ的報告指出，駕駛人平均每年要額外花五九九美元的修理和操作費用，因為都會區的路況很差。

隨便看看附近的公共設施和服務（尤其是給幼兒和老人的），應該能證實，聯邦勞工增加後，有很大的改進空間。尤其是，如果政府有職員能提供免費或廉宜的兒童照顧，更多父母就能加入勞力，幫助經濟成長。別忘了，基礎建設不一定是實體的。雇用勞工以幫助提供教育、訓練或其他協助給民眾，跟硬體工程一樣，都能促進美國人的福祉。

羅斯福的新政提供很好的例子，更多的聯邦勞工能帶來哪些成就。過了快九十年，我們仍在享受並受益於羅斯福新政實現的公園、道路、橋樑和其他公共設施。不需要很有想像力，就能想出能改善今日美國的新計畫。除了維護和更新前幾代給我們的好處，加上新計畫以後，要做的工作還有很多。

為了支持這一類的工作方案，我們需要先克服一個觀念——不該認定政府的支出都是浪費。有些明顯是浪費，而有些不是，跟民營企業的花費一樣。有些人認為民營企業浪費的份額不高，但他們應該想想私人保險業者和醫療照護提供者每年花在管理上的費用，約有幾千億美元（如果看整體支出的百分比，遠遠高出政府的醫療方案花在管理上的費用）。[7] 或者他們可以想像民營企業花了高額的費用，想辦法讓人抽菸、喝含糖飲料，或駕駛最浪費燃料的車輛。或者，光想想付給許許多多避險基金經理人的數十億美元，就知道了。

依舊認為政府支出就是浪費的人，要得到他們的支持，或許該把焦點放在要靠更多聯邦勞工來達成的公共設施和經濟特殊改進項目，還有理想情況下我們支付給他們的合理價格。真這麼做，對方的反應也會不一樣。

改善勞動力

支持高品質的教育和職業訓練，也就是經濟學家所謂的「人力資本」，或許就是政府所能採取最積極的手段，提升人民的收入。高等教育和訓練結合了有效且可靠的政府，讓瑞士、日本和以色列這些本來沒什麼自然資源的國家變得富裕。少了高品質教育和訓練，也沒有有效且可靠的政府，讓剛果、奈及利亞和委內瑞拉等自然資源豐富的國家比其他國家貧窮。要預料一個國家的福祉，不論是用財富、收入、總產出或單用快樂程度來評估，都不如參考人民的教育程度和技能。

為什麼呢？因為投資在人民身上，不光讓他們直接獲益，也讓他們更有生產力，創造更多產出。勞工的產出變多，國家一定會更富裕。人力資本也是最能增能的資本形式，因為不像其他的類型，人有了學問和技能，就不會被搶走。得到人力資本也會創造出良性循環，讓整個家庭可以改善生活、得到更好的教育、活得更健康，最後為經濟帶來更高的貢獻（更好的教育也會幫大家辨別並支持能改進經濟體制的政策，以及有可能施行政策的政治人物——這是一個我很看重的目標）。我們都要記著，教育政策列入議程後，有風險的不光是教育政策。

有效改善教育的成果，需要花更多錢來改善教育品質，並處理長久的問題——許多美國人因著種族身分，少了很多機會。每個人都有能力參與經濟，盡自己最大的努力時，每個人都會獲益。前面討論過，教育程度和技能足以加入國際市場競爭的美國人能得到這些機會，表現得也比之前更優秀。然而，這些國際市場打擊了很多教育程度不高或技能不足的美國人，讓他們在美國經濟裡無立足之地。公平性跟個人的經濟利益一樣，要求我們想辦法處理這種不公平，不浪費個人的潛能。

教育政策分析家要研究哪些教育方案能帶來最高的益處。就像之前說過的，至少美國已經為低收入家庭的孩童提供各種教育、健康和營養方案，帶來的好處大大超出方案的成本。還有，大家應該都知道，如果這些方案能讓年輕人過得更有生產力，為經濟做出貢獻，也能降低或然率，不讓他們老了以後變成經濟的破口。儘管這些方案最終會帶來回報，目前的經費都需要大幅升高。這又讓我們看到另一個政府能採取的主要方法，來減輕經濟上的不均：以所得分配為焦點的支出和賦稅政策，也是下一章的主旨。

第十六章

徵稅、支出及所得分配：在所得分配中，政府扮演什麼角色？

在美國，我們可以有民主，也可以讓大量的財富集中在幾個人手裡，但不能兩者共存。

——路易斯．布蘭迪斯（Louis D. Brandeis），美國最高法院大法官

所得重新分配政策

政府一直在重新分配所得（有時候是刻意，有時候則是無心），政府也一直可以選擇要重新分配的量——徵多少稅、向誰課稅、花多少錢、怎麼花錢。在詳細討論徵稅及支出前，我們必須先討論在這個情境中常遭到忽略的重點：哪一級政府提供哪些做法。

美國人可以在美國境內任意選擇居住的地點，有錢的美國人在利用這項權利時，又比別人更占

優勢。如果某地的所得稅太高（例如，紐約市結合了州稅率及市稅率，可能超過收入的一二％），可以搬到另一個地方去住（例如，佛羅里達不徵收所得稅）。如此一來，如果有個地方想大幅提高所得稅，把所得從高收入人士的口袋重新分配到低收入或無收入的人那裡，高收入者就會想離開，低收入或無收入的人就想遷入。＊在極端的例子裡，此地採取高稅率，收到的稅金卻變少了，因為高收入者都離開了。

很多市鎮靠著一小群納稅人來提供資金給大部分的預算，更常看到上述的情況。舉例來說，二〇一八年，紐約市居民收入最高的一％付了該市所得稅的四三．五％，占紐約市貢獻給紐約州所得稅的五〇．五％，他們繳的所得稅超過紐約市最低收入納稅人九五％的總和。[1]在很多愈來愈繁盛的市鎮，更常見到這種類型的統計數字。

改變「居所」來避稅，聽起來很難，事實上還好。富人通常有好多棟房子，也有某種程度的選擇，可以指定「主要居所」或「住處」，決定他們在哪裡付所得稅。一年內有不到半年的時間住在同一個地方的人，改變住處很簡單，填一份「住處聲明」表格就好。這就是川普的做法，把主要居所從紐約改成佛羅里達，可以少繳點稅（不論是什麼稅）。如果你為了避稅而「離開」某個州，卻

＊如果要記錄增加州稅率及地方稅率會不會影響富人外移，不怎麼容易，因為大家搬來搬去，有各種理由（通常也不會有人去問他們為什麼搬家），而且富人的財富每年都可能有很大的變化。史丹佛大學的兩位研究人員發現，雖然沒有明顯的證據可以證明稅率從一％增加一點點到三％時就會導致移居，但提高幅度的話「或許會更明顯，衝擊更強」。[2]

又希望在那裡住上超過半年的時間，搬遷過程就比較複雜了。儘管如此，當地的所得稅愈高，住在那兒的人愈有理由在稅率低或不徵稅的地方設立新的「主要居所」。

離開美國來規避所有的稅金（包括聯邦所得稅在內，這筆稅遠遠高過地方政府的所得稅）難度則更高，不像光改變美國的居所那麼容易。要規避所有的聯邦稅金，此人必須正式宣告放棄美國公民權、交出護照並離開美國。這種行動不會消除放棄公民權之前欠下的稅金，之後在美國賺取的收入也必須付稅，例如來自房屋租賃、社會安全保險或退休金的收入。此人之後在美國可以逗留的時間也受到限制，如果他們在別處沒有確立的公民權，會變成無國籍。顯然，在美國設立新的主要住所容易多了，也不像放棄公民權和繳回護照那麼極端。

州政府和地方政府確實要負起責任，施行聯邦政策，並以創新的方式實驗怎麼幫助有需要的人。然而，如果從國家的層級實施，稅單的金額比較高，也很難避稅，就更容易成功地用提高徵稅的方法來重新分配所得，因為地方等級的稅單金額比較低，且容易規避。因此，我們會把焦點放在國家層級的稅金可能出現的變化，以及支出的政策。

稅金

聯邦政府大部分的資金都來自所得稅。二〇二〇年，聯邦政府三兆四千兩百億美元的收入有八五．四％來自人民的所得稅，六．二％來自企業繳的稅金，其餘的則來自貨物稅、遺產稅和其他稅收。[3]聯邦所得稅率由政府設定，從過去到現在的變化很大。以二〇二一年來說，個人最高的美國聯邦所得稅率是三七％。＊艾森豪總統是一九五〇年代的共和黨員，他在任時的稅率是九一％（你沒看錯，不是打錯了）。同樣是共和黨員的尼克森總統在任時，則是七〇％。民主黨員歐巴馬總統在任時，常有人控訴他是「社會主義者」，他剛上任時的所得稅率是三五％，任期快結束時則是三九．六％（再度證實貼這種標籤一點用也沒有）。

同樣地，企業收入的稅率也隨著時間變化。在川普總統治下，最高的稅率從三五％降低到二一％，提高了企業的獲利率、企業擁有者的收入增加、股價也提高。我們在第五章討論過，大多數企業利用漏洞，付的稅率遠低於這個數字——也有很多為零的案例。

為了找出賦稅對所得不均的效應，我們必須先決定稅制是累進、累退，還是單一。累進稅對高收入的納稅人施加較高百分比的稅率，稅後收入因此變得更平等。累退稅對高收入的納稅人施加較低百分比的稅率，因此稅後收入變得更不平等。單一稅對所有納稅人施加相同百分比的稅率，因此不會影響收入平等性。

大多數美國人假設美國稅制整體上是累進稅率，跟中低收入的人相比，高收入的人要拿出更高

＊ 這也叫作最高邊際稅率，針對某人所得的最後那一塊錢（或每增加一塊錢）所徵收的稅率。三七％僅適用於個人高過五一八四〇一美元的所得，對聯合申報的夫妻來說則超過六二二〇五一美元。

比例的收入做為稅金。二〇一二年，米特．羅姆尼（Mitt Romney）在競選美國總統時的主張就是這樣，他說「四七％的美國人不付所得稅」。在羅姆尼看來，幾乎有一半的美國人「由政府養活，他們相信自己是受害者，相信政府有責任照顧他們，相信他們有資格接受醫療照顧、食物、住房等想得到的東西」。[4]他的統計數字沒錯，可是結論錯了。

羅姆尼談論的只是某一種稅，也就是「聯邦所得稅」。雖然在美國徵收的各種稅金中，聯邦所得稅募集到最多的收入，但美國人要付的稅林林總總，這只是其中一項。舉例來說，美國人也要付薪資稅（這是社會安全保險的資金來源，跟聯邦所得稅一樣，完全以收入來定）、銷售稅、財產稅、贈與稅、轉讓稅、使用稅、關稅等等不勝枚舉。全部放在一起，聯邦、州及地方政府徵收的其他賦稅（很多都是根據收入來計算）募集的資金遠超過羅姆尼提到的「聯邦所得稅」。所以，羅姆尼暗示不付這一項稅金的人就在遊手好閒，完全大錯特錯，因為他沒考慮到這些人還要付其他的稅金。

在加州大學柏克萊分校任教的伊曼紐爾．賽斯（Emmanuel Saez）及加柏列．祖克曼（Gabriel Zucman）確實把所有的稅金都納入考量。他們研究了美國每個收入群體付的聯邦、州及地方政府稅總額，[5]發現如果考慮到所有的稅目，大多數美國人的總收入有三分之一到四分之一拿去繳稅了。然而，他們也發現，億萬富翁付的稅率不在這個範圍內——比較低。他們推論億萬富翁的總收入大約有二三％用於繳稅。賽斯跟祖克曼結論說，美國的稅制基本上是單一稅率，但最頂層卻採用累退稅率。從稅務資料可以看到傑夫．貝佐斯、伊隆．馬斯克、麥可．彭博和其他的億萬富翁近幾年來幾乎沒有繳稅，之前可能也只繳了一點點，可以突顯出累退的程度。[6]

怎麼可能呢？低收入民眾的所得稅率比超級富翁還要更高？至於羅姆尼引用的「聯邦所得稅」，儘管很多低收入民眾事實上不需要繳納，但他們要繳的其他累退稅務也不少。例如，由於低收入民眾繳出的所得比例高於富人（前面說過，富人存到銀行跟用來投資的所得比例比較高），最後所得拿去支付銷售稅的比例也比較高。對一三二九〇〇以下的年薪來說，為社會安全保險提供資金的薪資稅是一二．四％（雇員和雇主各付一半）。收入超過上述數字時，就掉到〇％，變成累退稅率。房子的財產稅等於房子估定價值的某個百分比。計算時不會考慮屋主的收入。因此，如果房價差不多，收入較高的人付的財產稅占收入的百分比會低於收入較低的人。

評估稅金對可支配所得（付完稅後剩下可以花用的錢）的影響時，有關係的是個人付的總稅額，而不是那個人在每項稅目上的支出。由於稅目繁多、難以取得全面的資料和資料的複雜度，我們很難了解稅金對可支配所得的確切影響。例如，光是聯邦所得稅法就有好幾千頁，解讀稅法的規定、案例和評論又是好幾倍長。如果我們很關心所得不均（或至少希望政府的政策能有條理），這個體制亟需大改。從這一點出發，接下來的幾節會討論四種主要的稅目。

聯邦所得稅

由於大多數人不是稅務專家，一般都會以為從一九一三年開始實施的聯邦所得稅是實實在在的累進稅。對二〇二〇年的納稅年度而言，年收入少於二四八〇〇美元的已婚夫妻或不超過一二四〇〇美元的個人不需要繳納聯邦所得稅，連申報表都不需要填寫。[7]收入超過這些數額的個人的確需要填寫申報表，計算「課稅所得」，也就是總收入減去稅法允許的某些扣除額。課稅所得愈高，施行的「稅收級距」或稅率就愈高——這就是所謂的累進稅。

但實際上來說，聯邦所得稅的累進程度有多高？本書一直在討論經濟的全貌，避開不必要的細節。然而，討論稅務時，魔鬼真的就在細節裡，聯邦所得稅法也是最好的一個例子。

「課稅所得」計算實際上排除了主要賺進富裕納稅人口袋裡的一大部分收入，導致聯邦所得稅的累進程度不像表面上那麼高。計算出課稅所得後，較低的資本增值稅率會套用到投資獲得的利潤上。你或許還記得第五章提過，勞工賺的工資所應用的稅率通常高過投資人賺的資本增值。

我可以寫一本書詳細討論無數的例子，來說明聯邦所得稅為什麼沒有表面上的累進程度，但這一段我就只舉幾個例子吧。包括避險經理人在內，＊投資經理可以把他們賺的錢大多列為資本增值，而不是工資收入，因此，他們付的稅率比他們的祕書還低，甚至也低於大多數納稅人。運氣很好，繼承了金錢或其他資產的人付的稅率甚至比這些投資經理還低（具體來說，就是〇%）。＊＊房貸的利息會降低課稅所得，因此買得起房子的人比租屋者多享受到一份好處，買高價房屋的人獲益也高過屋價比他們低的人。前面討論過，股東拿到股利或賣出股票，將公司的利潤入袋，才需要繳稅，不過他們可以用提高價值的投資來申請貸款跟拿到其他好處。根據一份二〇二一年的白宮報告書，從二〇一〇年到二〇一八年，這些規定和稅法的其他許多條款讓美國最富有的四百個家庭付的平均所得稅率只有八．二%。[8]

報酬豐厚的律師和會計師一心幫富人建立「避稅手段」，更提高這種不公平。他們的目標是透過各種信託、海外投資跟複雜的安排，幫人合法降低稅金。避稅的意思是合法降低稅單的金額，但有時候他們會不小心犯錯，變成逃稅，也就是以非法手段欺騙政府。這種非法行為變得更難偵測、起訴及嚇阻，因為美國國稅局裁減了人員。

賓州大學法學院的經濟學家娜塔莎・薩林（Natasha Sarin）及哈佛大學的勞倫斯・桑默斯對稅款繳納不足及強制繳稅做了廣泛的研究。[9]他們估計，根據目前的趨勢，政府在十多年內，合法的應收稅款會短收七兆五千萬美元，前一%的高收入者要負責至少七〇%的未收稅款。然而，低收入的美國人被查稅的機率跟前一%的人一樣高。他們也注意到收入超過五百萬美元的納稅人只有五%被查稅——即使用於執法的一美元能產生超過十一美元的稅收。

允許更多美國人逃稅，帶來的傷害不光是剝奪政府的收入——還會鼓勵更多人去逃稅。[10]社會科學家稱這個現象是「行為感染」，意思是大家會習慣去複製別人的行為。然而，就算不是社會科學家，應該也可以想到，看到別人逃稅又沒被抓到，就很有可能自己也會跟著逃稅。

銀行搶匪威利・薩頓（Willie Sutton）曾被問到他為什麼要搶銀行。他回答：「因為錢放在那

* 「避險基金」通常指投資策略比較複雜或深奧的投資公司，例如衍生性證券的投資，還會搭配重要的槓桿。這些基金設立的目的本來是為了提供替代品或避險，相對於大家習以為常的投資。

** 繼承稅和遺產稅會在本章後面討論。

裡。」如果我們想對抗所得不均，提高所得稅或許是最直接、最有效、最經得起時間考驗的方法。所得稅需要的所有基礎建設都已經到位。我們只需要提高稅率、除去投資收入特別低的稅率，並關閉漏洞，該課稅的收入和遺產都要繳稅。

這個提議一點都不激進。在美國的歷史上，所得稅率一直都很高（像前面說過的，幾位共和黨總統在位時還要更高），而美國依然愈來愈興旺。例如在一九五〇年代，最高的稅率是九一％，美國經濟成長的速度比今日快很多，中產階級除了人數增加，經濟福祉也不斷改善。今日，高收入者最高的稅率是三七％，相對來說很低了，因為從第二次世界大戰到雷根一九八〇年代中期擔任總統時，最高的稅率從未掉到五〇％以下——美國經濟在這四十年內飛速成長。

我在第二章問過，大幅提高極高收入者的稅率，例如馬克・祖克伯、比爾・蓋茲或傑夫・貝佐斯（或同樣有能力的人），會不會阻擋他們的成就？同樣地，對頂層收入徵收更高的稅率會不會導致公司找不到有能力的執行長、製片廠找不到明星來演大製作、科技公司找不到領袖來發開創新的產品？最頂層的二十五名避險基金經理賺的錢超過全美國幼稚園教師的薪資總和（老師約有十五萬八千名），[11]對他們徵收比較高的稅金會不會導致這些避險基金就少了能幹的領袖？應該不會。

此外，既然美國的高薪工作大多在金融業，高稅率會不會導致最有前途的大學畢業生重新考慮職業的選擇，覺得一窩蜂加入金融公司其實不太好？為恰好超過五一八四〇一美元（個人三七％最高稅率目前的底限）的收入適度提高現有的稅率，並為遠超過那個數字的收入大幅提升稅率（有可能高到艾森豪總統任內的九一％），這麼做的話，經濟平等好像提高了，聯邦預算好像也更平衡，但工作少了激勵，會不會造成更嚴重的傷害？根據一九五〇年代的證據，並反思最高收入者的行為，看來並不會。

增加高收入者的稅率，為低收入者提供免稅或信用，會重重打擊所得不均。像所得不均這一類的問題，要有效減少，做法有可能很簡單，也近在眼前，但偏好現狀的人（跟他們的遊說者）卻要我們相信相反的情況。

財富稅

為了減輕不均，有些國家也會實施另一種稅：一點點比例的財富（某人名下所有資產的總值，例如房地產、藝術品、股票、債券和生意）。美國沒有財富稅，儘管美國境內幾乎每一個市鎮都會針對人民財富的某個元素課稅——財產稅，對象是個人名下房地產的估定價值。意思是，最多人擁有的主要資產（也就是房地產）的價值每年都會課稅，但富人擁有比例極高的其他資產價值則不會每年課稅，例如股票、債券和其他金融資產。

伯尼・桑德斯提議徵收聯邦財富稅，當個人淨財富超過三千兩百萬美元時，要繳一％的稅，淨財富超過一百億美元時，則提高到八％。伊莉莎白・華倫跟其他政治人物也提過類似的做法。每年追蹤和計算出富人許許多多資產（例如私人企業的持股、珠寶、藝術品和智慧財產權）的正確估價，要花不少力氣籌畫。另一方面，大多數財富稅的提議（例如參議員桑德斯提出來的）都針對很高的等級，前一％最有錢的家庭只有一小部分需要繳稅。

財富稅還有另一個問題，會促使富人把一些資產移到其他國家，美國當局就更難追蹤。此外，用企業或農場的價值來課稅，但擁有者的現金都綁在生意上，沒錢付稅，就有問題了。這些難處雖然都可以克服，卻導致大多數國家望之卻步，不徵收財富稅，已經執行的幾個國家也不得不廢止。例如，法國政府的研究發現每天至少有一名百萬富翁離開法國，丟下高額的稅金帳單，到其他歡迎富人的國家居住，只好在二〇一七年廢除了財富稅。12

即使有這些難題，財富稅確實可以降低經濟不均。財富的分配甚至比收入更加不均，所以財富稅即使不完美，卻把焦點放在資源最多的人身上。我們跟羅姆尼不是同類，又真看到美國整體稅制偏袒最富有的那些人，會覺得財富稅有助於消除美國稅制的不友善。如果大家覺得富人付的稅金比例更公平的話，更多人就願意遵守稅法、支持新的政府方案，並提升眾人的滿意度。在物理學和生物學中，知覺或許不重要，但在經濟學之類的社會科學裡就有關係了。

繼承稅及遺產稅

有人死亡的時候，會徵收兩種類型的稅金。一種是繼承稅，繼承資產的人要支付。在本書寫作時，美國政府並不徵收繼承稅。你所繼承的每一塊美元，都不會被聯邦政府課稅（不過有幾個州確實會收繼承稅）。

對繼承人來說，零稅率聽起來還不錯，但事實上更不錯。透過繼承收到、後來賣掉的的資產要繳的稅率通常低於我們用自己的錢買的資產。為什麼呢？前面討論過，出售資產時所得到的利潤都要付資本增值稅——也就是售價與買價的差距。既然繼承而來的資產不需付費，那售價不就是他們拿到的利潤嗎？稅法的規定並不是這樣。聯邦政府徵收的資本增值稅僅針對繼承之後的增值。

舉個例子來說明這項重大的福利吧：假設十年前，你跟某人各花一百美元買了股票。今年，那個人過世了，把股票留給外甥。在喪禮那天，你跟他外甥都把股票賣了，現價是一千美元。你現在要繳九百美元（售價減去買價）的資本增值稅。那人的外甥則不需要繳稅，因為稅法只針對繼承後增加的價值課稅（外甥在繼承股票的同一天就賣掉了，價值都是一千美元）。那麼，外甥免費拿到了資產，繼承時沒有繳稅，售出時付的稅低於你的稅金，如果他舅舅在生時就賣掉股票，也要付比外甥高的稅金。

另一種是遺產稅，課稅的目標是死者資產的總值，在分配繼承物前直接從遺產裡面支付。以二〇二一年來說，聯邦法律的遺產稅免稅額是一千一百七十萬美元。已婚夫妻的免稅額加倍，為兩千三百四十萬美元。城市研究所及布魯金斯學會的賦稅政策中心估計，由於免稅額很高，又有各種漏洞，只有最富裕的有錢美國人（在二〇一九年，是頂層的〇．〇七％）付過遺產稅。[13]

在二〇一八年和二〇四二年之間，預計大約七十兆美元會透過繼承傳給下一代。[14] 紐約大學法學教授莉莉．巴切爾德（Lily Batchelder）估計，繼承的平均稅率是二．一％，工作所得的稅率則是一五．八％。[15] 此外，如我們在第二章討論的，在美國，估計有六〇％的財富來自繼承，除非出現變化，不然這個比例很有可能繼續增加。因此，繼承稅和遺產稅是很有力的工具，當繼承將財富集中到頂層的時候，可以減緩這個趨勢。

跟其他類型的稅金比例起來，繼承稅和遺產稅還有獨一無二的優勢：不會打壓有建設性的活動。所得稅讓人不想工作、銷售稅讓人無心購物，而財產稅則會妨礙我們蓋出更多更好的房子。繼承稅和遺產稅可能會阻礙什麼？死亡？

到最後，人只有兩類：死的跟活的。因此，減少死者的稅，表示活人要付更多稅金。很明顯地，財富跟收入愈來愈集中在頂層的時候，這就是需要改革的地方。

公司所得稅

二〇二〇年，聯邦政府徵到了兩千一百二十億美元的稅，如前面提過的，總收入中只有六．二%來自企業利潤的稅金。[16]美國稅務基金會（Tax Foundation）估計，除了實付的稅款，企業每年要花超過一千四百七十億美元進行納稅申報，並遵守企業所得稅特別複雜的規定。[17]不論數字是否正確，從我個人的經驗，我可以確認守法納稅會花掉大量的時間、精力和金錢。小公司的負擔甚至更大，它們說不定請不起專門負責這項工作的全職會計師，以及懂得節稅的稅務律師。

我們已經討論過大公司怎麼大幅降低稅款，很多案例利用稅法的複雜度及各種漏洞，甚至不需繳稅。那麼，要提高企業的稅金嗎？可以提高稅金的收入，但也會讓更多資源投入到守法納稅和避稅。此外，若以企業轉嫁到顧客身上的成本來看，企業的稅率提高，表示我們買的商品及服務也會提高價格。

相反地，政府可以去掉企業利潤的所有課稅，只提高個人投資收入的稅率，提高到足以涵蓋或超過損失的收入。如此一來，企業可以省下好幾十億美元；美國國稅局的負擔大幅降低，省下幾十億美元；企業稅法導致的扭曲誘因會消失；大公司遊說者拿到的特殊稅收優惠必須終止；美國會變成一個做生意更簡單、更有利潤的地方，因而創造出更多的工作，吸引海外的企業——同時美國政府的稅收也不會減少（實際上還有可能增加）。富人要繳的稅可能會變多，但有可能透過經濟活動和企業獲利率的成長來補償，甚至也有可能獲利。

本書的目的在於為經濟提供簡單易懂的概述，深入討論這個複雜的問題太占篇幅，也岔題了。但我為什麼要提？消除企業徵稅，從別的地方募集損失的收入，看似右翼或「保守派」政策，本書讀者有可能立即心生抗拒（也有些讀者會立即抗拒我討論過的其他政策，一般看來是左翼或「激進派」）。所以我才提出這個複雜的企業稅問題，突顯本書的重點：

不論政策有左翼還是右翼的色彩，都沒有關係。關鍵在於政策是好是壞——合不合理、能不能改善經濟及帶來機會。把公司稅的負擔從企業轉到投資人身上，當然有潛力達到這些目標，尤其是小型企業。因此，這個政策有可能很好，值得進一步探索，不論來自何人，或貼了什麼樣的政治標籤。

支出

尚未進入一九〇〇年代早期的時候，聯邦政府的支出很審慎，也沒有安全網計畫。舉例來說，在一九三〇年代，聯邦政府花了四．九％的GDP，在二〇一〇年代則是一六．四％。[18]過去一百年來，我們看到美國政府實行了形形色色的方案，想幫助中低收入的美國人。尤其是二十世紀的兩個十年，此類支出都明顯增加。一九三〇年代帶來了社會安全保險（政府的第一大開銷，占年度支出的一兆美元以上），及羅斯福總統執行的新政，在經濟大蕭條後大量增加基礎建設的支出（來創造工作及薪水支票）。一九六〇年代帶來「向貧窮宣戰」（War on Poverty），包括Medicaid（醫療補助，給窮人的醫療照顧）及Medicare（醫療保險，給六十五歲以上人士的醫療照顧）。這些健康方案合在一起，構成美國政府的第二大開銷（也超過一兆美元）。

給大家一些聯邦政府支出的概念，二〇一九年，也就是新冠疫情影響預算的前一年，聯邦政府的總支出為四兆四千億美元。總支出有四七％用於社會安全保險、前一段提到的Medicaid及Medicare，一六％用於國防及國際安全援助，八％用於利息，八％用於聯邦退休人員及退伍軍人的福利，八％用於安全網方案（包括失業保險、食物券、學校營養午餐、低收入住宅及托兒補助），一三％用於其他的用途（包括運輸基礎建設、科學及醫學研究，以及聯邦政府貢獻的教育款項）。[19]

我們已經看過，包括企業紓困及補助等支出會提高不均，對產能的改善毫無幫助，而其他支出，例如醫療保健及教育方案，能促進公平性和生產力，就有可能回本。支出若能提升公平，也對企業有利，只是這點很少有人提到。既然所有的生產都仰賴兩種投入——資本（設備）及勞力——普遍的醫療照顧及更好的教育會改善勞力的品質，進而改善生產力。聰明的生意人一定會讓自己的設備保持在良好的狀態，不會過時。如果對勞力不採取同樣的行動——如果他們不費心思確保勞工的健康及技能是否有用——那就要質疑他們到底聰不聰明了。

有幾位政治人物也提議實施「全民基本收入」（UBI），無條件為每一位公民提供基本收入。楊安澤（Andrew Yang）是民主黨二〇一九年的總統初選候選人，他提出每年為每名成年美國人提供一萬兩千美元的全民基本收入。一年下來的成本約為兩兆八千萬美元——明顯低於聯邦政府除了社會安全保險、Medicare及Medicaid之外開銷的總和。[20] 如果不縮減這三個方案，美國政府也不猛然增加課稅，就沒有資金可以用在道路、教育、研究、住宅、外交、執法或國防上，也沒有錢留給各種必要的支出（例如支付債務及退伍軍人和聯邦勞工的退休金）。要每年發出一萬兩千美元的全民基本收入，即使政府確實減掉了能合法縮減的每一塊錢，剩下的錢還不到所需資金的一半。[21]

楊安澤也提了好幾項新稅，例如主要的新增值稅，也是一種銷售稅。前面說過，銷售稅對低收入者的打擊比較嚴重，因為跟比較富有的人相比，他們會花掉更高比例的收入。楊安澤也提出有關成長的假設，擁護大型新支出方案的人幾乎都會提到這些事。然而，因為縮減了其他的政府方案，這會降低成長，反而抵銷全民基本收入帶來的成長增益，尤其是支持教育、研究和基礎建設的方案。有了保障的付款，有些人可能就會降低自己的工作量，因此衝擊成長。結果，為這項計畫提供資金，似乎說不通。[22]

即使有充分的理由，大多數成年人如果沒有財務問題，也會收到一萬兩千美元的支票，政府這樣花錢，明智嗎？此類方案的支出中，約有一兆四千億美元會發給收入超過中位數的家庭。另一方面，財務有困難的成年人即使拿到一萬兩千美元，也解決不了什麼問題，因為要提供全民基本收入的資金，其他政府支出都大幅縮減。說句公道話，楊安澤跟其他的全民基本收入提議或許還是有希望——當自動化取代許多工作以後，國家需要的勞動力會變小，但仍能生產出我們一切習以為常的商品及服務。在這樣的經濟中，人類勞力的需求大大降低，全民基本收入就有道理了。同時，把資金集中到最需要援助的人身上及最有效應的地方，才是最有道理的做法。

以聯邦勞動所得稅額補貼制度為例，這個方案的目標群眾是中低收入者，在二〇一七年透過稅制提供了將近六百三十億美元的給付。受雇者才有資格領稅額補貼。二〇二〇年，補貼介於五三八至六六六〇美元之間，主要根據個人的工資及扶養對象的人數。如果稅額補貼超過應付稅款，這些人會收到超額部分的支票。值得注意的是，用聯邦資源來補助低工資勞工，減輕所得不均的效應，民主黨與共和黨雙方都願意支持。因此，擴展補貼不只能幫助這些勞工，在政治上的可行度更能帶來益處。

米爾頓．傅利曼是美國的民主黨總統雷根與英國的保守黨首相柴契爾夫人的經濟顧問，為了直接回應所得不均，他在一九六〇年代初期提出更有影響力的方案。根據傅利曼提議的「負所得稅」，如果有些人的收入低於某個等級，不需要繳稅，還可以收到政府的支票。收入愈低，支票面額愈大。支票的面額等於他們賺的錢比這個收入等級低多少的百分比。例如，假設方案的收入等級設在五萬美元，負所得稅的百分比設成二五％。收入是三萬美元的人比五萬的收入等級少了兩萬，因此會拿到五千美元的支票（也就是短少那兩萬美元的二五％）。如果你一塊錢都沒賺，比截止點少了五萬美元，就會拿到一二五〇〇元的支票（等於差額五萬的二五％）。賺的錢超過五萬美元的人一如以往，要繳稅（如果採行全民基本收入方案，他們可能會收到政府的支票，但現在不會）。

負所得稅跟全民基本收入不一樣，會根據需要來分配資金——需求愈高，資金愈多。也跟聯邦勞動所得稅額補貼制度不一樣，在這個制度下，成年美國人就有資格，不限於有工作的人。傅利曼提倡的負所得稅是消除貧窮的簡單行政手段，也能維持強烈的動機，讓大家繼續工作，為經濟做出貢獻。在上面的例子裡，低收入者如果多賺了錢，能留下七五％——這個百分比近似於中高收入的勞工在稅後能留下的比例，對預算更加受限的人來說，應該也提供更強烈的工作動機。

米爾頓．傅利曼非常受自認「保守」的人歡迎，不過他的計畫按今日的標準來看，比較「自由」，進一步證實政治標籤在過了一段時間後已經扭曲到基本上無用了，不能描述前後一致的看法。傅利曼自一九六〇年代初期開始寫作，他也證明了美國政治從那時到現在有很大的轉變。再來句老生常談，政治會嚴重影響我們處理不均的能力——這也是下一節的主旨。

所得分配的政治

要人們支持特定的政策時，使用的語言可能會帶來偏見，左右別人的回應。例如，問到墮胎權的時候，如果問人們是否支持未出生嬰兒的生存權，而不是他們支不支持女性對自己身體的選擇權，回答就不一樣了。問到同性婚姻時，如果問支不支持同性戀結婚，而不是支不支持政府干涉個人對配偶的選擇，答案會不一樣。問到繼承稅的時候，如果問題是支不支持死亡稅，而不是他們會不會支持有錢人可以免稅繼承幾百萬美元但有工作的人反而要付比較高的稅款，答案也會不一樣。

本書在開始時提到「資本主義」、「社會主義」、「共產主義」和所有其他「主義」都充滿了假設及先入為主的想法，用這些術語反而妨礙理解，讓人無法評估哪些政策最適合在真實世界中施行。同樣的道理也適用於所得的「重新分配」這個說法，還有從「賺得」收入的人身上「拿走」所得並「交給」無收入者的過程。用這些說法，可能會讓某些人（有意識或無意識地）推論，我們的經濟分配所得的方法本來可以公平、自然並恰當。一心想著所得要公平分配，就不太可能贊成增加某些人的稅金來補給其他人。

大多數決策者尤其如此，他們通常在當前的規則下已經成功了，而他們的政治金主在當前的規則下絕對也成功了。因此，他們自然更看重、更尊敬這些規則產生的結果。他們特別有可能把自己的成功歸於自身的努力，而不是這一生中碰到的狀況。另一方面，他們很有可能認為某人不能成功，是因為個人的失敗，而不是那人碰到的狀況。成功者或許真的做了很好的選擇，但他們通常也有很多不錯的選擇。

經濟成功並未遵循客觀上公平、自然的過程，按努力及智慧的比例來分配。在第二章討論過，一個人的收入受到形形色色的因素影響，基本上都不在個人的控制範圍內，例如上過的學校、成長的鄰里、爸媽的資源、能享有的醫療照顧，運氣也是一個極重要的因素。一個人能賺的錢也受到各種社會因素極大的影響，例如政府政策、進入就業市場時的經濟狀態、對不同類型技能的需求、消費者的偏好、種族／宗教／性別的偏見，還有運氣，也是非常重要的因素。

與其挑出某些政府課稅和支出的政策會導致收入「重新分配」，不如好好了解這些政府的政策也屬於那個又大又亂的過程，在一開始時就按這些方法來「分配」所得。為求簡單，我也按著慣例，說稅制和支出政策會「重新分配」收入（不過我在這一段和這一章的標題確實避開了這個說法）。然而，這種說法及其中融入的假設，可能會在我們察覺不到的地方破壞用高稅率來減輕所得不均的做法。有些人說這些政策是「社會主義」，很多人想到社會主義就有負面的看法，上述的現象就特別明顯。這些參照帶有各種意味，有可能讓人無法客觀評估政策及政策對自己和他人的影響。

在一天結束後，能帶回家當作收入的錢，是無數因素最終造成的結果。努力工作和智慧就是其中兩個因素，在我們看來還算公平。有些因素則看起來不公平，例如家族財富、種族和運氣。而徵稅等因素就很難說公不公平了。但是，如果要做出合理且有益的經濟決策，這些因素都應該客觀看待：都含在導致所得分配的複雜過程裡。

現在彷彿在反思後，用降級的語言來包裝徵稅這個因素，來「重做」某個神聖過程的結果，就感覺徵稅對所得的效應似乎比其他效應更不正當。如果在決定所得的過程中，能把徵稅以及所得徵稅能帶來的轉移當成合理的因素，我們才能達成本書的目標——決定最好的政策，增加機會、促進經濟成長及提升民眾對美國經濟體制的信念。

結語

走到這裡，還沒結束。甚至尚未開始終結的過程。但是，這裡或許是起點的盡頭。

——溫斯頓・邱吉爾（又是他）

一開始時，這本書最初的英文書名是《*Economics for Activists*》。焦點是在經濟體制中深感焦慮的人，但他們還算樂觀，願意參與行動主義，相信不光有可能改變，自己還有可能扮演重要的角色。

在新冠疫情開始後，我把英文書名改成《*Understandable Economics*》。疫情進一步揭露美國的經濟體制已經變得障礙重重。政府花了幾十億美元援助企業，但很多孩童連網路都沒有，無法繼續上課。幾百萬人失業時，股市一飛沖天。川普推動的減稅，讓富人受益，同時卻有幾千萬名勞工無法接受醫療照顧和診斷測試，不知道他們是否得了病，有可能害死自己的同事及顧客。我發覺，要帶來有意義的正面變化，自認是積極份子的人給予支持還不夠——我們需要更多人來學習經濟體制，想辦法加以改善。

媒體討論這些問題時，通常主導者是形形色色表情凝重的人，武斷地語言經濟的未來，根據他們充滿自信的假設來推薦政策。其中最糟糕的人把個人的意圖包裝成經濟福音，因為大多數人缺乏經濟知識，可以從此圖利。也有人暗示，如果分析足夠的資料，放進夠多的公式裡（並有足夠的媒體曝光），就有最棒的解決辦法。

我們前面討論過，經濟學裡的預測就像其他社會科學的預測。兩者都牽涉到預料人類行為——一項特別艱難的工作，因為人們說的話、心裡想的事，以及用行為示意的實際想法，有可能是三個完全不同的東西，每一個都會隨著脈絡變化。經濟學家約翰·高伯瑞講得夠白了，「經濟學家作出預測，不是因為他們知道什麼，而是因為有人要他們去預測。」

儘管困難重重，我們還是需要盡力對未來做出最好的評斷，才能讓未來比現在更好。就最低限度而言，我們需要特定的知識，知道體制運作的方法（希望本書已經提供給讀者），還有對真實世界的敏銳觀察（本書也提供了一些），而我希望讀者也開始用銳利的眼光觀察世界，並繼續下去。

二〇一六年，川普問可能投他的選民說，「你還有什麼好損失的？」自古至今，經濟崩塌後的混亂及隨之而來的大屠殺，當中有無數的人死去，他們或許可以回答這個問題，但今日活著的美國人中或許沒有幾個人有答案。我希望這些聽不見的聲音不要遭到遺忘——美國社會裡震耳欲聾的噪音不會淹沒這些聲音，它們會給人動機，去了解世界實際的運作方式，讓人學以致用，想辦法改進世界。

要順著目前的路往下走，還是選擇更好、更公平的道路，就看你們了，也就是本書的讀者。讀更多的書、學更多的知識，並認真觀察，把虛假的修辭與真實的世界切開。用你學到的知識，帶著自信，努力提倡具有建設性的改變。勇敢對抗那些推行虛假解決辦法的人、支持有良好想法的候選人、為了理想提出抗議，或自己考慮參選。如果我們袖手旁觀，讓沒有洞察力和知識的人做最終的決定，繁榮不可能持續，我們有可能失去非常在意的東西。

致謝辭

這本書背後有無數的英雄，他們貢獻想法、幫我深入了解經濟運作的方式，或只是聽我長篇大論地抨擊經濟，並（透過他們的表達方式）逼著我說得更簡要、更有條理。這些人裡，有我父親的同事，他們在布魯克林的遇食商店（Met Foods Store）工作，也有紐約大學的學生，及蘭德男子學院（Lander College for Men）的學生。我很幸運，能認識這麼多有趣又願意幫忙的人，我心中充滿感激。

也有幾個人直接幫我創作出這本書。葛蕾絲．萊爾（Grace Layer）一絲不苟地編輯了好幾版草稿，沒有她的話，這本書就無法出版。她真的是一位編輯奇才。著有《漫畫經濟學一看就懂：從亞當斯密到葛林斯潘》（*Economix*）的麥可．古德溫（Michael Goodwin）逐字看過我的草稿，幫我平衡重點，增進說服力。我的配偶大衛．柏曼（David Berman）也仔細審閱了整份手稿。除了給我很有幫助的評論，我們也曾無數次討論書中的許多想法，這些討論促使我寫出了這本書。

紐約聯邦準備銀行的安托恩・馬汀（Antoine Martin）審閱過書中有關聯準會的片段，提供必要的評論，讓我更了解運作模式。最後要感謝我的編輯，Prometheus Books的傑克・波納爾（Jake Bonar），他成就了一切。他是最後一個審閱原稿的人，也找到很多需要改進的地方。

沒有我的經紀人，蘇珊・舒爾曼（Susan Schulman），這本書也不會出版。我非常感謝她願意接下一位新手作者的書，而且主題又不是那麼受讀者青睞。我也要感謝版權主任琳達・米迦爾蒂（Linda Migalti），幫忙處理有聲書及翻譯版的版權。

出書過程也少不了幾位朋友的援助。莎瑞・洛克（Sari Locker）把我的想法變成正式的企劃，不然我也不會有蘇珊這位經紀人。蕾貝佳・吉萬（Becky Givan）在我最有需要的時候，也就是一開始時，就出版過程給了我很重要的資訊跟勸告。雷恩・森薩（Ryan Senser）陪我腦力激盪，想出最後的英文書名和副標題。感謝他們，還有我的家人朋友，給我無限的支持及鼓勵。

注釋

第一章

1. Federal Reserve Bank of Dallas. “Time Well Spent, The Declining *Real* Cost of Living in America, 1997 Annual Report, Federal Reserve Bank of Dallas.” Accessed December 15, 2021. https://www.dallasfed.org/~/media/documents/fed/annual/1999/ar97.pdf.
2. Worstall, Tim. “The Story of Henry Ford’s $5 a Day Wages: It’s Not What You Think.” *Forbes Magazine*, December 10, 2021. https://www.forbes.com/sites/timworstall/2012/03/04/the-story-of-henry-fords-5-a-day-wages-its-not-what-you-think/#364a6c23766d.
3. Kniesner, Thomas J. “The Full-Time Workweek in the United States, 1900–1970.” *Industrial and Labor Relations Review* 30, no. 1 (October 1976). https://doi.org/10.2307/2522747.
4. Organisation for Economic Co-operation and Development (“OECD”). “Average Annual Hours Actually Worked per Worker–OECD Statistics.” Accessed December 15, 2021. https://stats.oecd.org/Index.aspx?DataSetCode=ANHRS.
5. U.S. Bureau of Labor Statistics. “Employment by Major Industry Sector.” September 8, 2021. https://www.bls.gov/emp/tables/employment-by-major-industry-sector.htm.
6. Amadeo, Kimberly. “What Real GDP per Capita Reveals about Your Lifestyle.” *The Balance*, September

17, 2020. https://www.thebalance.com/real-GDP-per-capita-how-to-calculate-data-since-1946-3306028. Also: Federal Reserve Bank of St. Louis. “Real Gross Domestic Product per Capita.” Federal Reserve Economic Data (FRED), November 24, 2021. https://fred.stlouisfed.org/series/A939RX0Q048SBEA.
7. Newport, Frank. “Democrats More Positive about Socialism than Capitalism.” Gallup, November 20, 2021. https://news.gallup.com/poll/240725/democrats-positive-socialism-capitalism.aspx.
8. Edelman. “2020 Edelman Trust Barometer.” Accessed December 15, 2021. https://www.edelman .com/trust/2020-trust-barometer.

第二章

1. See: ChinaFile. “Why Can’t China Make Its Food Safe?” *The Atlantic*, May 22, 2013. https://www.theatlantic.com/china/archive/2013/05/why-cant-china-make-its-food-safe/275852/. Also see: China Labor Watch. “Reports on Labor Conditions in Chinese Factories.” May 3, 2021. https://chinalaborwatch.org/reports/.
2. This 60 percent figure is from: Alvaredo, Facundo, et al. “On the share of inheritance in aggregate wealth, Europe and the United States, 1900–2010.” Paris School of Economics, October 29, 2015. http://piketty.pse.ens.fr/files/AlvaredoGarbintiPiketty2015.pdf. Due to data limitations, there are varying estimates of the amount of wealth that is inherited. See also: Davies, James B., and Anthony E. Shorrocks. “The Distribution of Wealth.” *Handbook of Income Distribution*, Volume 1. Elsevier Science B.V., 1999. https://eml.berkeley.edu/~saez/course/Davies, Shorrocks(2000).pdf.
3. Greenstone, Michael, Adam Looney, Jeremy Patashnik, Muxin Yu, and The Hamilton Project. “Thirteen Economic Facts about Social Mobility and the Role of Education.” Brookings, November 18, 2016. https://www.brookings.edu/research/thirteen-economic-facts-about-social-mobility-and-the-role-of-education/.

4. Bhutta, Neil, et al. "Disparities in Wealth by Race and Ethnicity in the 2019 Survey of Consumer Finances." Board of Governors of the Federal Reserve System, September 28, 2020. https://www.federalreserve.gov/econres/notes/feds-notes/disparities-in-wealth-by-race-and-ethnicity-in-the-2019-survey-of-consumer-finances-20200928.htm.
5. Poleg, Dror. "The Winners of Remote Work." *New York Times*, August 31, 2021. https://www.nytimes.com/2021/08/31/upshot/remote-work.html?searchResultPosition=1.
6. Federal Reserve Bank of St. Louis. "Gross Domestic Product: Manufacturing(NAICS 31–33) in the United States." FRED, October 1, 2021. https://fred.stlouisfed.org/series/USMANNQGSP. Output is measured in dollars.
7. OECD. "OECD Income (IDD) and Wealth (WDD) Distribution Databases." Accessed December 15, 2021. http://www.oecd.org/social/income-distribution-database.htm.

第三章

1. Segal, David. "Going for Broke in Cryptoland." *New York Times*, August 5, 2021. https://www.nytimes.com/2021/08/05/business/hype-coins-cryptocurrency.html.
2. Sharma, Rakesh. "Three People Who Were Supposedly Bitcoin Founder Satoshi Nakamoto." *Investopedia*, September 8, 2021. https://www.investopedia.com/tech/three-people-who-were-supposedly-bitcoin-founder-satoshi-nakamoto/.
3. CoinMarketCap. "All Cryptocurrencies." Accessed December 15, 2021. https://coinmarketcap .com/all/views/all/.
4. Federal Reserve Bank of St. Louis. "Currency in Circulation." Data for November 2021. FRED, December 9, 2021. https://fred.stlouisfed.org/series/CURRCIR.

第四章

1. Federal Reserve Bank of St. Louis. "Table 1.1.5. Gross Domestic Product: Annual." FRED. Accessed December 17, 2021. https://fred.stlouisfed.org/release/tables?rid=53&eid=41047.
2. Federal Reserve Bank of St. Louis. "Real Gross Domestic Product." FRED, November 24, 2021. https://fred.stlouisfed.org/series/GDPC1.
3. The Gini index is also known as the Gini coefficient. The only difference is that the latter is expressed on a scale of 0 to 1.
4. All Gini indexes are from: The World Bank. "Gini Index (World Bank Estimate)." Accessed December 17, 2021. https://data.worldbank.org/indicator/SI.POV.GINI.
5. The World Bank. "GDP per Capita (Current US$)." Accessed December 17, 2021. https://data.worldbank.org/indicator/NY.GDP.PCAP.CD.
6. Social Progress Imperative. "Social Progress Index 2021." Accessed December 17, 2021. https://www.socialprogress.org/static/9e62d6c031f30344f34683259839760d/2021%20Social%20Progress%20Index%20Executive%20Summary-compressed_0.pdf.
7. All figures in this paragraph are for 2020 and are from: Bureau of Economic Analysis, U.S. Department of Commerce, "National Income and Product Accounts, Table 1.1.5. Gross Domestic Product." November 24, 2021. https://apps.bea.gov/iTable/iTable.cfm?reqid=19&step=2#reqid=19&step=2&isuri=1&1921=survey%20and%20are%20for%20the%20First%20Quarter%20of%202021.
8. The White House. "Historical Tables, Table 1.1–Summary of Receipts, Outlays, and Surpluses or Deficits (-) as a Percentage of GDP: 1930–2026." Office of Management and Budget. Accessed December 17, 2021. https://www.whitehouse.gov/omb/historical-tables/.
9. Edwards, Chris. "Government Spending Could Top $9 Trillion." Cato Institute, January 26, 2021. https://www.cato.org/blog/government-spending-could-top-9-trillion.

10. Congressional Budget Office. "The Federal Budget in Fiscal Year 2020: An Infographic." April 30, 2021. https://www.cbo.gov/publication/57170. Also: U.S. Office of Management and Budget. "Budget of the United States Government–Fiscal Year 2022." March 17, 2021. https://www.govinfo.gov/content/pkg/BUDGET-2022-APP/pdf/BUDGET-2022-APP.pdf. Also: U.S. Department of Agriculture. "Government Payments by Program, Data Products, Farm Income and Wealth Statistics." Accessed December 17, 2021. https://data.ers.usda.gov/reports.aspx?ID=17833.

第五章

1. Manyika, James, et al. "A New Look at the Declining Labor Share of Income in the United States." McKinsey Global Institute, May 2019. https://www.mckinsey.com/~/media/mckinsey/featured%20insights/employment%20and%20growth/a%20new%20look%20at%20the%20declining%20labor%20share%20of%20income%20in%20the%20united%20states/mgi-a-new-look-at-the-declining-labor-share-of-income-in-the-united-states.pdf.
2. Federal Reserve Bank of St. Louis. "Gross Domestic Product." FRED, November 24, 2021. https://fred.stlouisfed.org/series/GDP. Also: U.S. Social Security Administration. "Measures of Central Tendency for Wage Data." Accessed December 15, 2021. https://www.ssa.gov/oact/cola/central.html.
3. Manyika, James, Jan Mischke, Jacques Bughin, Jonathan Woetzel, Mekala Krishnan, and Samuel Cudre. "A New Look at the Declining Labor Share of Income in the United States." McKinsey & Company, May 30, 2019. https://www.mckinsey.com/featured-insights/employment-and-growth/a-new-look-at-the-declining-labor-share-of-income-in-the-united-states. Also: Our World in Data. "Labour Share of Gross Domestic Product." Accessed December 15, 2021. https://ourworldindata.org/grapher/labour-share-of-GDP?tab=table.
4. Federal Reserve Bank of St. Louis. "Households and Nonprofit Organizations; Net Worth, Level." FRED,

December 9, 2021. https://fred.stlouisfed.org/series/TNWBSHNO. The assets that compose wealth are measured at fair market value.
5. Amazon. "Notice of 2021 Annual Meeting of Shareholders & Proxy Statement." Accessed December 15, 2021. https://s2.q4cdn.com/299287126/files/doc_financials/2021/ar/Amazon-2021-Proxy-Statement.pdf.
6. Gardner, Matthew, Lorena Roque, and Steve Wamhoff. "Corporate Tax Avoidance in the First Year of the Trump Tax Law." Institute on Taxation and Economic Policy, December 16, 2019. https://itep.org/corporate-tax-avoidance-in-the-first-year-of-the-trump-tax-law/.
7. Kent, Ana Hernandez, Lowell Ricketts, and Ray Boshara. "What Wealth Inequality in America Looks Like: Key Facts & Figures." Federal Reserve Bank of St. Louis, August 14, 2019. https://www.stlouisfed.org/open-vault/2019/august/wealth-inequality-in-america-facts-figures?utm_source=Federal%2BReserve%2BBank%2Bof%2BSt.%2BLouis%2BPublications&utm_campaign=ceefe4b9eb-HFSAlert_6-16-020_COPY_01&utm_medium=email&utm_term=0_c572dedae2 -ceefe4b9eb-57450077.
8. Congressional Budget Office. "Trends in Family Wealth, 1989 to 2013." August 18, 2016. https://www.cbo.gov/publication/51846.

第六章

1. The World Bank. "GDP (Current US$)." Accessed December 17, 2021. https://data.worldbank.org/indicator/NY.GDP.MKTP.CD?locations=1W.
2. Population Reference Bureau. "PRB's 2020 World Population Data Sheet." October 4, 2021. https://interactives.prb.org/2020-wpds/.
3. Board of Governors of the Federal Reserve System. "How Much Does It Cost to Produce Currency and Coin?" March 9, 2021. https://www.federalreserve.gov/faqs/currency_12771.htm.

4. Board of Governors of the Federal Reserve System. "Currency in Circulation." FRED, December 9, 2021. https://fred.stlouisfed.org/series/CURRCIR.
5. See, for example: Anderson, Richard G., and Marcela M. Williams. "How U.S. Currency Stacks Up–at Home and Abroad." Federal Reserve Bank of St. Louis, Spring 2007.
6. Federal Reserve Bank of St. Louis. "Table 1.1.5. Gross Domestic Product: Annual." FRED. Accessed December 17, 2021. https://fred.stlouisfed.org/release/tables?rid=53&eid=41047.
7. Salary Explorer. "Factory and Manufacturing Average Salaries in India 2021." Accessed December 15, 2021. http://www.salaryexplorer.com/salary-survey.php?loc=100&loctype=1&job=33&jobtype=1.
8. World Population Review. "GDP Ranked by Country 2021." Accessed December 15, 2021. https://worldpopulationreview.com/countries/countries-by-GDP/.
9. See: Bloom, Nicholas, et al. "The Impact of Chinese Trade on U.S. Employment: The Good, The Bad, and The Debatable." July 2019. https://nbloom.people.stanford.edu/sites/g/files/sbiybj4746/f/bhkl_posted_draft.pdf. See also: Feenstra, Robert C., and Akira Sasahara. "The 'China Shock', Exports and U.S. Employment: A Global Input-Output Analysis." National Bureau of Economic Research, November 20, 2017. https://www.nber.org/papers/w24022.
10. Moody's Analytics. "Trade War Chicken: The Tariffs and the Damage Done." September 2019. https://www.moodysanalytics.com/-/media/article/2019/trade-war-chicken.pdf.

第七章

1. Siblis Research. "Total Market Value of U.S. Stock Market." October 12, 2021. https://siblisresearch.com/data/us-stock-market-value/.
2. Goldman Sachs. "Global Macro Research: Buyback Realities." Issue 77, April 11, 2019. https://www.

goldmansachs.com/insights/pages/top-of-mind/buyback-realities/report.pdf.

第八章

1. Ross, Stephen A., Randolph Westerfield, and Bradford D. Jordan. *Fundamentals of Corporate Finance*. New York: McGraw Hill, 2012.
2. See: Belanger, Lydia. "Global 500." *Fortune*, May 18, 2020. https://fortune.com/global500/2019/. See also: Meier, Stephan, and Lea Cassar. "Stop Talking about How CSR Helps Your Bottom Line." *Harvard Business Review*, January 31, 2018. https://hbr.org/2018/01/stop-talking-about-how-csr-helps-your-bottom-line#:~:text=Today%2C%20Fortune%20Global%20500%20firms,a%20year%20on%20CSR%20activities.
3. Bureau of Economic Analysis, U.S. Department of Commerce. "Table 14. Gross Domestic Product by Industry Group." Data for 2020. Accessed December 15, 2021. https://www.bea.gov/data/GDP/GDP-industry.
4. Bank for International Settlements. "Explorer: DER. Table D5.1." Accessed December 15, 2021. https://stats.bis.org/statx/srs/tseries/OTC_DERIV/H:A:A:A:5J:A:5J:A:TO1:TO1:A:A:3:C?t=D5.1&p=20172&x=DER_RISK.3.CL_MARKET_RISK.T:B:D:A&o=w:19981.,s:line .nn,t:Derivatives%20risk%20category.
5. Pensions & Investments. "80% of Equity Market Cap Held by Institutions." *Pensions & Investments*, April 25, 2017. https://www.pionline.com/article/20170425/INTERACTIVE/170429926/80-of-equity-market-cap-held-by-institutions.
6. U.S. Securities and Exchange Commission. "17 CFR Part 240–Procedural Requirements and Resubmission Thresholds under Exchange Act Rule 14a-8." Accessed December 15, 2021. https://www.sec.gov/rules/final/2020/34-89964.pdf.
7. Tonello, Matteo. "Shareholder Voting in the United States: Trends and Statistics on the 2015–2018 Proxy

Season." Harvard Law School Forum on Corporate Governance, November 26, 2018. https://corpgov.law.harvard.edu/2018/11/26/shareholder-voting-in-the-united-states-trends-and-statistics-on-the-2015-2018-proxy-season/.

8. Parker, Ashley, and Philip Rucker. "Trump Taps Kushner to Lead a SWAT Team to Fix Government with Business Ideas." *Washington Post*, March 26, 2017. https://www.washingtonpost.com/politics/trump-taps-kushner-to-lead-a-swat-team-to-fix-government-with-business-ideas/2017/03/26/9714a8b6-1254-11e7-ada0-1489b735b3a3_story .html.
9. Business Roundtable. "One Year Later: Purpose of a Corporation." Accessed December 15, 2021. https://purpose.businessroundtable.org/#:~:text=In%20its%20place%2C%20the%20CEOs,communities%20in%20which%20they%20operate.
10. Zernike, Kate. "Tea Party Set to Win Enough Races for Wide Influence." *New York Times*, October 15, 2010. https://www.nytimes.com/2010/10/15/us/politics/15teaparty.html.

第九章

1. Grullon, Gustavo, Yelena Larkin, and Roni Michaely. "Are U.S. Industries Becoming More Concentrated?" June 2016. https://www.cicfconf.org/sites/default/files/paper_388.pdf.
2. Barclays. "Increased Corporate Concentration and the Influence of Market Power." Barclays Impact Series, March 26, 2019. https://www.cib.barclays/content/dam/barclaysmicrosites/ibpublic/documents/our-insights/MarketPower/Barclays-ImpactSeries5-MarketPower_final_2.4MB.pdf. Also: Wessel, David. "Is Lack of Competition Strangling the U.S. Economy?" *Harvard Business Review*, April 3, 2020. https://hbr.org/2018/03/is-lack-of-competition-strangling-the-u-s-economy.
3. U.S. Small Business Administration. "About S.B.A." Accessed December 15, 2021. https://www.sba.gov/about-sba.

第十章

1. Keynes, John Maynard, and Paul R. Krugman. *The General Theory of Employment, Interest, and Money.* Hampshire: Palgrave Macmillan, 2011.
2. Federal Reserve Bank of St. Louis. "All-Transactions House Price Index for the United States." FRED, November 30, 2021. https://fred.stlouisfed.org/series/USSTHPI.
3. Federal Reserve Bank of St. Louis. "Median Household Income in the United States." FRED, September 15, 2021. https://fred.stlouisfed.org/series/MEHOINUSA646N.
4. Federal Reserve Bank of St. Louis. "All-Transactions House Price Index for the United States." FRED, November 30, 2021. https://fred.stlouisfed.org/series/USSTHPI.

第十一章

1. Galbraith, John Kenneth. *Money: Whence It Came, Where It Went.* Boston: Houghton Mifflin, 1995.
2. Federal Reserve Bank of St. Louis. "M1." FRED, November 23, 2021. https://fred.stlouisfed.org/series/M1SL.
3. Marton, Adam. "Inflation in Hungary after the Second World War." *Hungarian Statistical Review*, Special Number 15. Accessed December 15, 2021. https://www.ksh.hu/statszemle_archive/2012/2012_K15/2012_K15_003.pdf.
4. Federal Reserve Bank of St. Louis. "Assets: Securities Held Outright: Securities Held Outright: Wednesday Level." FRED, December 9, 2021. https://fred.stlouisfed.org/series/WSHOSHO.
5. Davidson, Kate. "Fed Sent $88.5 Billion in Profits to U.S. Treasury in 2020." *Wall Street Journal*, January 11, 2021. https://www.wsj.com/articles/fed-sent-88-5-billion-in-profits-to-u-s-treasury-in-2020-11610384401.

第十三章

1. Sorkin, Andrew Ross. "Were the Airline Bailouts Really Needed?" *New York Times*, March 16, 2021. https://www.nytimes.com/2021/03/16/business/dealbook/airline-bailouts.html?searchResultPosition=1.
2. Gebeloff, Robert. "Who Owns Stocks? Explaining the Rise in Inequality during the Pandemic." *New York Times*, January 26, 2021. https://www.nytimes.com/2021/01/26/upshot/stocks-pandemic-inequality.html. Also: Wolff, Edward N. "Household Wealth Trends in the United States, 1962 to 2016: Has Middle Class Wealth Recovered?" National Bureau of Economic Research, November 2017. https://www.nber.org/system/files/working_papers/w24085/w24085.pdf.

第十四章

1. Organisation for Economic Co-operation and Development. "General Government Spending–OECD Data." Accessed December 15, 2021. https://data.oecd.org/gga/general-government-spending.htm.
2. U.S. Office of Management and Budget. "Budget of the United States Government." March 17, 2021. https://www.govinfo.gov/content/pkg/BUDGET-2021-APP/pdf/BUDGET-2021-APP.pdf.
3. U.S. Department of the Treasury. "Debt to the Penny." U.S. Treasury Fiscal Data. Accessed December 15, 2021. https://fiscaldata.treasury.gov/datasets/debt-to-the-penny/debt-to-the-penny.
4. All figures in this paragraph are from: The White House. "Historical Tables, Table 1.1–Summary of Receipts, Outlays, and Surpluses or Deficits (-) as a Percentage of GDP: 1930–2026." Office of Management and Budget. Accessed December 15, 2021. https://www.whitehouse.gov/omb/historical-tables/.
5. The median household in America in 2020 had 2.53 people (U.S. Census Bureau. "Historical Households Table HH-6. Average Population Per Household and Family: 1940 to Present." November 22, 2021.

https://www.census.gov/data/tables/time-series/demo/families/households.html) and an income of $67,521(Federal Reserve Bank of St. Louis. "Real Median Household Income in the United States." FRED, September 15, 2021. https://fred.stlouisfed.org/series/MEHOINUSA646N).

6. Congressional Budget Office. "Federal Net Interest Costs: A Primer." December 2020. https://www.cbo.gov/publication/56910.
7. Northwestern Mutual Life Insurance Company. "Planning & Progress Study 2018–Depths of Debt." Accessed December 16, 2021. https://news.northwestern mutual.com/planning-and-progress-2018.
8. Student Loan Hero. "A Look at the Shocking Student Loan Debt Statistics for 2021." January 27, 2021. https://studentloanhero.com/student-loan-debt-statistics/.
9. Congressional Budget Office. "Federal Net Interest Costs: A Primer." December 2020. https://www.cbo.gov/publication/56910#_idTextAnchor038.
10. Garcia, Jorge Luis, et al. "Quantifying the Life-cycle Benefits of an Influential Early Childhood Program." February 2019. http://humcap.uchicago.edu/RePEc/hka/wpaper/Garcia_Heckman_Leaf_etal_2016_life -cycle-benefits-ecp_r2.pdf.
11. Rosenthal, Brian M. "The Most Expensive Mile of Subway Track on Earth." *New York Times*, December 29, 2017. https://www.nytimes.com/2017/12/28/ny region/new-york-subway-construction-costs.html.
12. U.S. Treasury. "Major Holders of Treasury Securities." Accessed December 16, 2021. https://ticdata.treasury.gov/Publish/mfh.txt.
13. Ibid.
14. Zandi, Mark, and Bernard Yaros. "Playing a Dangerous Game with the Debt Limit." Moody's Analytics, September 21, 2021. https://www.moodysanalytics.com/-/media/article/2021/playing-a-dangerous-game-with-the-debt-limit.pdf.
15. U.S. House of Representatives Committee on the Budget. "CBO Confirms GOP Tax Law Contributes to Darkening Fiscal Future." House Budget Committee, April 15, 2020. https://budget.house.gov/

publications/report/cbo-confirms-gop-tax-law-contributes-darkening-fiscal-future#:~:text=CBO%20projected%20that%20the%20tax,as%20the%20economy%20grew%20faster.

第十五章

1. Madison, Lucy. "Elizabeth Warren: 'There Is Nobody in This Country Who Got Rich on His Own.'" CBS News, September 22, 2011. https://www.cbsnews.com/news/elizabeth-warren-there-is-nobody-in-this-country-who-got-rich-on-his-own/.
2. U.S. Bureau of Labor Statistics. "Union Members Summary." January 22, 2021. https://www.bls.gov/news.release/union2.nr0.htm. Also: Greenhouse, Steven. "Union Membership in U.S. Fell to a 70-Year Low Last Year." *New York Times*, January 21, 2011. https://www.nytimes.com/2011/01/22/business/22union .html.
3. Card, David, and Alan B. Krueger. "Minimum Wages and Employment: A Case Study of the Fast Food Industry in New Jersey and Pennsylvania." National Bureau of Economic Research, October 1, 1993. https://www.nber.org/papers/w4509#:~:text=David%20Card%2C%20Alan%20B.,Krueger&text=On%20April%201%2C%201992%20New,the%20rise%20in%20the%20minimum.
4. Wee, Heesun. "'Made in USA' Fuels New Manufacturing Hubs in Apparel." CNBC, September 23, 2013. https://www.cnbc.com/2013/09/23/inside-made-in-the-usa-showcasing-skilled-garment-workers.html#:~:text=More%20than%2097%20percent%20of,the%20U.S.%20was%20made%20domestically.
5. Ashenfelter, Orley, and Štěpán Jurajda. "Wages, Minimum Wages, and Price Pass-Through: The Case of McDonald's Restaurants." Working paper, Princeton University, January 2021. https://dataspace.princeton.edu/bitstream/88435/dsp01sb397c318/4/646.pdf.
6. American Society of Civil Engineers. "Investment Gap 2020–2029: ASCE's 2021 Infrastructure Report

Card." July 19, 2021. https://infrastructurereportcard.org/resources/investment-gap-2020-2029/.

7. Carroll, Linda. "More than a Third of U.S. Healthcare Costs Go to Bureaucracy." Thomson Reuters, January 6, 2020. https://www.reuters.com/article/us-health-costs-administration/more-than-a-third-of-u-s-healthcare-costs-go-to-bureaucracy-idUSKBN1Z5261. Also: Frakt, Austin. "Is Medicare for All the Answer to Sky-High Administrative Costs?" *New York Times*, October 15, 2018. https://www.nytimes.com/2018/10/15/upshot/is -medicare-for-all-the-answer-to-sky-high-administrative-costs.html.

第十六章

1. McMahon, E. J. "NYC's High-Income Tax Habit." Empire Center for Public Policy, October 25, 2018. https://www.empirecenter.org/publications/nycs-high-income-tax-habit/.
2. Young, Cristobal, and Charles Varner. "Do Millionaires Migrate When Tax Rates Are Raised?" *Stanford University Pathways*, Summer 2014. https://inequality.stanford.edu/sites/default/files/media/_media/pdf/pathways/summer_2014/Pathways Summer_2014_YoungVarner .pdf.
3. U.S. Congressional Budget Office. "Revenues in Fiscal Year 2020: An Infographic." April 30, 2021. https://www.cbo.gov/publication/57173.
4. Madison, Lucy. "Fact-Checking Romney's '47 Percent' Comment." CBS News, September 25, 2012. https://www.cbsnews.com/news/fact-checking-romneys-47-percent-comment/.
5. Saez, Emmanuel, and Gabriel Zucman. *The Triumph of Injustice: How the Rich Dodge Taxes and How to Make Them Pay*. New York: W. W. Norton, 2020.
6. Eisinger, Jesse, Jeff Ernsthausen, and Paul Kiel. "The Secret IRS Files: Trove of Never-before-SeenRecords Reveal How the Wealthiest Avoid Income Tax." ProPublica. Accessed December 16, 2021. https://www.propublica.org/article/the-secret-irs-files-trove-of-never-before-seen-records-reveal-how-the-wealthiest-avoid-income-tax.

7. U.S. Internal Revenue Service. "IRS Provides Tax Inflation Adjustments for Tax Year 2020." November 6, 2019. https://www.irs.gov/newsroom/irs-provides-tax-inflation-adjustments-for-tax-year-2020#:~:text=For%20single%20taxpayers%20and%20married,tax%20year%202020%2C%20up%20%24300.
8. Leiserson, Greg, and Danny Yagan. "What Is the Average Federal Individual Income Tax Rate on the Wealthiest Americans?" *The White House Blog*, November 30, 2021. https://www.whitehouse.gov/cea/blog/2021/09/23/what-is-the-average-federal-individual-income-tax-rate-on-the-wealthiest-americans/.
9. All the statistics in this paragraph come from: Sarin, Natasha. "The I.R.S. Is Outgunned." *New York Times*, October 2, 2020. https://www.nytimes.com/2020/10/02/opinion/sunday/irs-tax-income-inequality.html. And: Summers, Lawrence H., and Natasha Sarin. "Opinion: Yes, Our Tax System Needs Reform. Let's Start with This First Step." *Washington Post*, November 22, 2019. https://www.washingtonpost.com/opinions/yes-our-tax-system-needs-reform-lets-start-with-this-first-step/2019/11/17/4d23f8d4-07dd-11ea-924a-28d87132c7ec_story .html.
10. Frank, Robert H. "Without More Enforcement, Tax Evasion Will Spread Like a Virus." *New York Times*, October 30, 2020. https://www.nytimes.com/2020/10/30/business/tax-evasion-virus-IRS.html?searchResultPosition=3.
11. Bump, Philip. "The 25 Top Hedge Fund Managers Earn More than All Kindergarten Teachers Combined." *Washington Post*, November 25, 2021. https://www.washingtonpost.com/news/the-fix/wp/2015/05/12/the-top-25-hedge-fund-managers-earn-more-than-all-kindergarten-teachers-combined/.
12. Moore, Molly. "Old Money, New Money Flee France and Its Wealth Tax." *Washington Post*, July 16, 2006. https://www.washingtonpost.com/archive/poli tics/2006/07/16/old-money-new-money-flee-france-and-its-wealth-tax/49ac2ec7-c1b2-423e-a89b-699750275cd4/.
13. Tax Policy Center of the Urban Institute & Brookings Institution. "How Many People Pay the Estate Tax?" Accessed December 16, 2021. https://www.taxpolicycenter.org/briefing-book/how-many-people-

pay-estate-tax.
14. Eisen, Ben, and Anne Tergesen. "Older Americans Stockpiled a Record $35 Trillion. The Time Has Come to Give It Away." *Wall Street Journal*, July 2, 2021. https://www.wsj.com/articles/older-americans-35-trillion-wealth-giving-away-heirs-philanthropy-11625234216.
15. Batchelder, Lily. "Leveling the Playing Field between Inherited Income and Income from Work through an Inheritance Tax." New York University School of Law. Accessed December 16, 2021. https://www.hamiltonproject.org/assets/files/Batchelder_LO_FINAL.pdf.
16. Congressional Budget Office. "Revenues in Fiscal Year 2020: An Infographic." April 30, 2021. https://www.cbo.gov/publication/57173.
17. Hodge, Scott A. "The Compliance Costs of IRS Regulations." Tax Foundation, June 15, 2020. https://taxfoundation.org/compliance-costs-irs-regulations/.
18. The White House. "Historical Tables, Table 1.2–Summary of Receipts, Outlays, and Surpluses or Deficits (-) as a Percentage of GDP: 1930–2026." Office of Management and Budget. Accessed December 17, 2021. https://www.whitehouse.gov/omb/historical-tables/.
19. Congressional Budget Office. "The Federal Budget in 2019: An Infographic." April 15, 2020. https://www.cbo.gov/publication/56324.
20. Center on Budget and Policy Priorities. "Policy Basics: Where Do Our Federal Tax Dollars Go?" April 9, 2020. https://www.cbpp.org/research/federal-budget/policy-basics-where-do-our-federal-tax-dollars-go.
21. Tax Policy Center of the Urban Institute & Brookings Institution. "How Does the Federal Government Spend Its Money?" Accessed December 16, 2021. https://www.taxpolicycenter.org/briefing-book/how-does-federal-government-spend-its-money#:~:text=How%20does%20the%20federal%20government%20spend%20its%20money%3F,totaled%20%244.4%20trillion%20in%202019.
22. Pomerleau, Kyle. "Does Andrew Yang's 'Freedom Dividend' Proposal Add Up?" Tax Foundation, January 2, 2020. https://taxfoundation.org/andrew-yang-value-added-tax-universal-basic-income/.

BIG 405

重新面對經濟學：經濟學沒有你想的那麼難，也比你所知道的更加重要

Understandable Economics: Because Understanding Our Economy Is Easier Than You Think and More Important Than You Know

作　者—霍華德．亞魯斯（Howard Yaruss）
譯　者—嚴麗娟
編　輯—張啟淵
企　劃—鄭家謙
封面設計—兒　日

董 事 長—趙政岷
出 版 者—時報文化出版企業股份有限公司
108019臺北市和平西路三段二四〇號四樓
發行專線—（〇二）二三〇六六八四二
讀者服務專線—〇八〇〇二三一七〇五　（〇二）二三〇四七一〇三
讀者服務傳真—（〇二）二三〇四六八五八
郵撥—一九三四四七二四時報文化出版公司
信箱—10899臺北華江橋郵局第九九信箱
時報悅讀網—http://www.readingtimes.com.tw
法律顧問—理律法律事務所　陳長文律師、李念祖律師
印　刷—勁達印刷有限公司
初版一刷—二〇二三年二月十七日
定　價—新臺幣三八〇元
（缺頁或破損的書，請寄回更換）

時報文化出版公司成立於一九七五年，
並於一九九九年股票上櫃公開發行，於二〇〇八年脫離中時集團非屬旺中，
以「尊重智慧與創意的文化事業」為信念。

重新面對經濟學：經濟學沒有你想的那麼難，也比你所知道的更加重要 / 霍華德．亞魯斯 (Howard Yaruss) 著；嚴麗娟譯．-- 初版．-- 臺北市：時報文化出版企業股份有限公司，2023.02
面；　公分．-- (big ; 405)

譯自：Understandable economics : because understanding our economy is easier than you think and more important than you know

ISBN 978-626-353-307-3(平裝)

1.CST: 經濟學 2.CST: 景氣循環 3.CST: 經濟政策

550　　111020617

ISBN 978-626-353-307-3
Printed in Taiwan